빛깔있는 책들 ●●●
124

반가사유상

글 | 황수영 • 사진 | 황수영, 안장헌

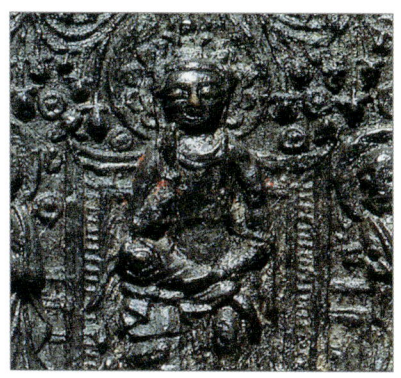

대원사

저자 소개

황수영

개성에서 출생하여 일본 동경제국대학을 졸업하고 동국대학교에서 문학박사 학위를 받았다. 동국대학교 박물관장·국립중앙박물관장·동국대학교 총장을 역임하고, 동국대학교 명예교수·한국정신문화연구원 교수·문화재 위원을 지냈다.

차 례

머리말 ㅣ 6

반가사유상 양식의 특색 ㅣ 9

삼국시대의 반가사유상 ㅣ 19

　고구려의 반가사유상 ㅣ 22

　백제의 반가사유상 ㅣ 22

　고신라의 반가사유상 ㅣ 38

　경주 이외 지역의 반가사유상 ㅣ 61

통일신라 초기의 반가사유상 ㅣ 77

한국 반가사유상의 일본 전래 ㅣ 84

미륵불상과 신라의 화랑 ㅣ 91

맺음말 ㅣ 96

우리나라 반가사유상 목록 ㅣ 104

참고문헌 ㅣ 107

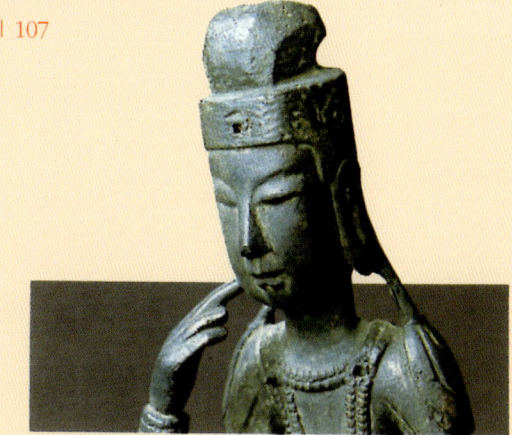

반가사유상

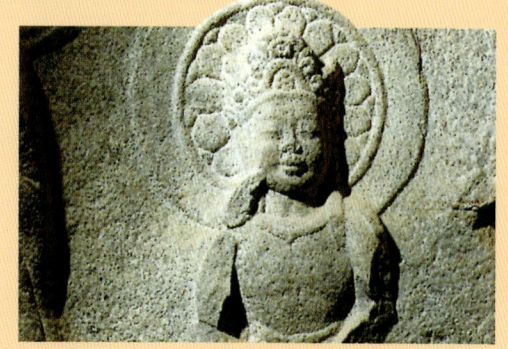

머리말

불교는 우리나라에 들어와 오랜 세월을 지나면서 국토 전역으로 보급되고 온 국민의 두터운 믿음을 받아 왔다. 신라, 고려 양조를 통하여서는 국교(國敎)로서의 자리를 차지하였던 일도 있었다. 따라서 불교는 인도에서 발생한 외래 종교이나 마침내는 우리 것으로 수용되고 깊은 믿음을 받게 되었다.

불교는 예배 대상(禮拜對象)을 지니고 내려온 종교로서, 불경 이외에 불상과 불사리(佛舍利)를 먼저 들여왔을 것이다. 이들 두 가지 신성물은 각기 매우 소중하기에 하나는 법당(法堂) 안에, 다른 하나는 탑(塔) 속에 깊이 봉안되었던 것이다. 그리하여 이들 당(堂)과 탑을 중심에 두고 우리의 사원이 조영되었던 것이다. 백제의 사택지적(砂宅智積)이 부여에 작은 비석을 세우면서 "穿金以建珍堂 鑿玉以立寶塔(금을 쪼아 보배스러운 법당을 세우고, 옥을 다듬어 보탑을 세웠다.)"이라고 한 것도 당탑(堂塔)을 세워 절을 이룩하였다는 뜻이다(이 비석은 국립부여박물관에 진열되어 있다.).

법당에 봉안하는 불상으로서는, 불교가 처음 들어온 삼국시대에는 대략 다음 같은 세 가지 종류가 있었다. 첫째는 여래상(如來像) 입상 또

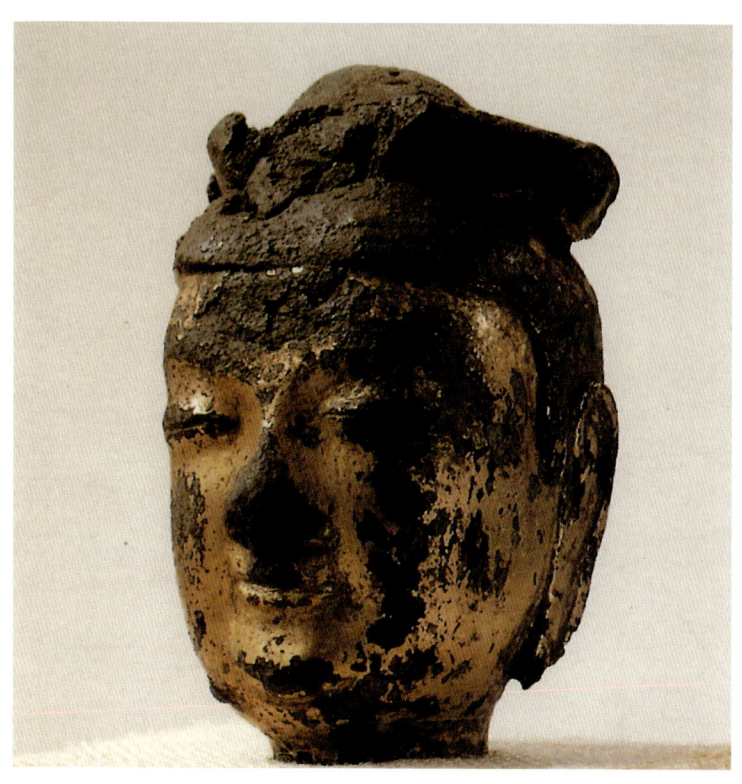

금동 반가사유상 불두(佛頭)　오른쪽 턱 밑에 손가락을 대었던 작은 혹 같은 조그마한 돌기(突起)가 남아 있어 반가사유상의 머리로 추정된다. 경주 황룡사지에서 출토된 것으로 전해지는데 높이는 8.3센티미터이다. 낮은 삼면 화관에 가늘게 뜬 두 눈 그리고 미소를 머금고 있는 소아의 앳된 얼굴이다. 신라 7세기, 국립경주박물관 소장.

는 좌상, 둘째는 보살상(菩薩像) 입상 또는 좌상, 셋째는 반가사유상(半跏思惟像) 등이다.

반가사유상은 보살상으로 그 이름은 '미륵보살'로 추정되고 있는데, 형식이 여래상 또는 보살상과는 달리 특이하다. 이 같은 양식상은 유독 삼국시대 서기 6, 7세기에 걸쳐서 모두 유행하였는데 오늘 다행히 고구려, 백제, 고신라 그리고 통일신라 초기의 확실한 유품이 각 영토 안에서 발견되었다. 그 가운데는 큰 금동상 2구(국보 제78호, 제83호)가 포함되어 있어서 우리 삼국 미술에서 뛰어난 자리를 차지하고 있다.

우리 고대의 조각사는 이 같은 반가상이 삼국에서 유행하였으므로 우리나라 불상 조각사의 첫머리를 장식하였다고 볼 수가 있다. 특히 위에서 말한 금동상 2구는 우리나라의 국보일 뿐 아니라 세계 미술사에서 뚜렷한 자리를 차지하고 있어서 그들에 대한 각별한 주목이 일찍부터 이루어졌다.

반가사유상 양식의 특색

반가사유상이 나무와 금동이나 돌 또는 흙으로 조성되어서 법당에 안치되었던 사실은 다른 불·보살상과 같다. 그러나 '반가사유상'이라 부르는 까닭은 쉽게 풀이해서 두 가지 특징이 있기 때문이다.

첫째는 그 자세에서 찾을 수가 있는데, 둥근 의자에 걸터앉아 발 하나 (오른쪽)를 올려서 다른 쪽 다리 무릎 위에 얹고 있다. 이 같은 방식은 우리 일상 생활에서 볼 수 있는 것이므로 특별한 것은 아니나 다른 불상인 여래상과 보살상의 앉은 보통 모습과는 서로 다르기에 특히 주목받을 수가 있었다.

둘째 특색은 오른손을 들어서 손끝을 턱에 댐으로써 깊은 생각에 잠긴 모습을 나타내고 있는 점이다.

첫 번째 특색을 '반가(半跏) 양식'이라고 부르며, 두 번째 특색을 '사유 양식'이라 부르고 있어 이들을 합하여 '반가사유 양식'으로 널리 부르게 되었다. 그리고 이 불상의 이름이 미륵보살로 추정되므로 좀 더 자세하게 부를 때에는 '미륵보살 반가사유상'이라고 하는데, 보통 짧게 '반가 상' 또는 '반가사유상'이라고 부르고 있다.

이 반가사유상 또한 당시 유행하던 불상의 하나였기에 불상으로서

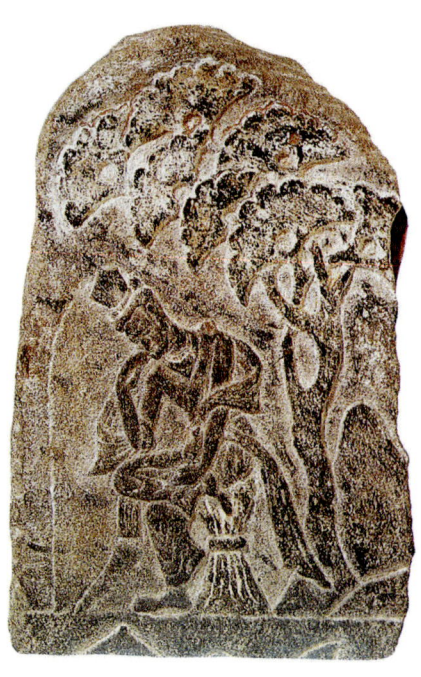

천룡산 석굴의 수하 반가사유상(부조) 이 반가사유상은 본디 천룡산 석굴(제3굴) 벽에 장엄되어 있던 부조상(浮彫像)의 일부다. 나무 아래에서 깊은 명상에 잠긴 듯 고개를 깊이 숙인 모습이다. 본디 반가사유상이 싯다르타 태자의 사유상에서 비롯되었다고 하는데 이 부조도 그 예의 하나로 볼 수 있겠다. 태자 사유상은 붓다의 전기 가운데 '수 하관경(樹下觀耕)'의 고사에서 유래한다고 보여진다. 곧 싯다르타 태자가 인도의 옛 풍습에 따라 파종식에 참여하였을 때 보습에 찍혀 나온 벌레를 새가 날아와 잡아먹는 것을 보고 약육강식이란 현실 세계의 고통을 직접 보고 크게 고뇌한다. 이때 나무 그 늘에서 깊이 명상에 잠긴 태자는 시간 가는 줄도 몰랐지만 해가 기울어도 나무 그늘은 싯다르타 태자 주변에만 드리우는 신비한 일이 벌어져 함께 온 모든 사람이 놀랐다는 것이 '수하관경'의 내용이다. 중국 동위시대, 높이 46.2센티미터. (위)

석조 미륵보살 반가상 백옥(白玉)을 새겨 만든 반가사유상. 큼직한 방형 대좌 앞쪽에 는 향로를 받들고 있는 인물상을 가운데 두고 두 마리의 사자가 좌우에 시위하고 있으 며, 뒤쪽에는 "東魏武定二年"(544년)이란 명문이 새겨져 있다. 보관을 비롯한 옷차림, 그리고 탑좌(榻座) 등 여러 면에서 우리나라 반가사유상 형식과 깊은 연관을 나타내고 있다. 중국 동위시대(544년), 높이 54.4센티미터, 일본 동경의 서도박물관(書道博物 館) 소장. (옆면)

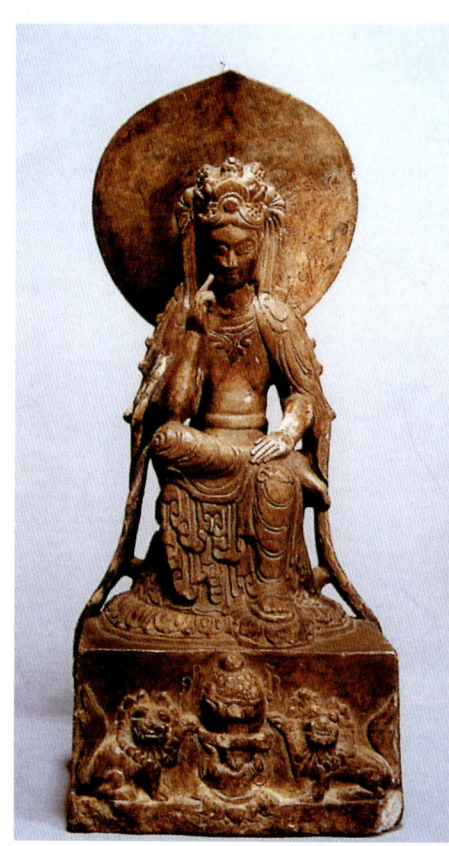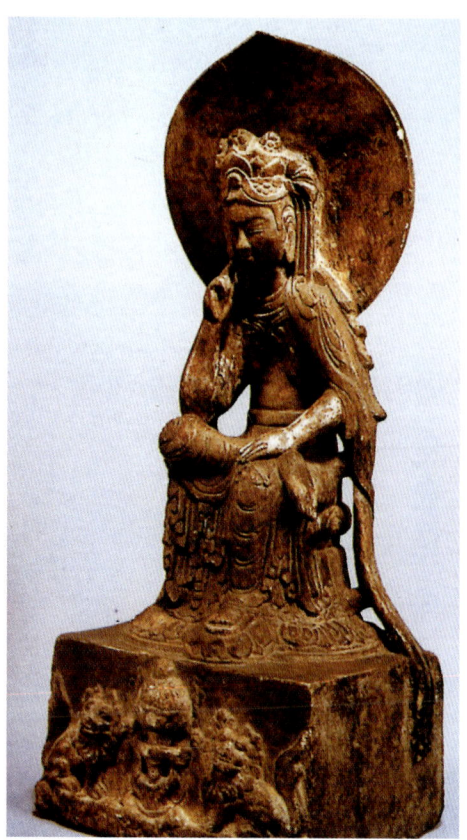

구비할 두 가지 장엄구가 반드시 따라야 한다. 그것은, 모든 불상은 그
위아래(上下)에 각기 광배(光背)와 좌대를 갖추어야 하는데, 이들 위아래
의 장엄구(莊嚴具)는 오랜 세월이 지나면 서로 분리되기가 쉬워서 자연
불상만이 남게 되었다. 그러므로 바위에 새겨진 마애상 이외는 대좌나
광배를 구비하면서 오늘에 전래한 불상은 매우 드물다.

뒤에서 설명하려는 백제의 서산 상(像)이나 고신라의 단석산(斷石山) 신선사 상 같은 오랜 반가상은 오늘까지 이동하지 않고 원위치에서 전래한 작품인데 모두 머리 뒤에는 둥근 광배를, 발아래에는 연꽃무늬 대좌를 장엄하고 있는 모습을 볼 수 있다. 이 같은 장엄구는 차치하더라도 특이한 자세를 보이며 사유의 모습을 보이는 반가사유 양식 불상이, 일찍이 인도나 중국에서는 우리에 앞서서 유행한 사실을 알 수가 있다.

인도에 있어서는 그 서북방인 오늘의 파키스탄(간다라)을 중심으로 불상이 처음 발생하였을 당시에 이 같은 양식의 조각이 보이고 있다. 이 지방은 일찍부터 서방의 희랍 그리고 로마 미술의 영향을 받아서 그 사이 불상을 만들지 않던 관습을 깨고 불상을 만듦으로써 인도 불상 조각의 시발을 이루기도 하였다. 그리고 이와 거의 때를 같이하여 인도 내륙에서는 뉴델리 남방(마투라) 지방이 중심을 이루면서 또한 불상이 처음 조성되어서 많은 작품을 오늘에 전하고 있다.

이같이 인도에서 거의 때를 같이하여 두 곳에서 조성된 불상 조각에는 반가사유상이 들어 있어서 이들이 다시 중앙아시아를 지나서 마침내 중국 땅에 들어와 널리 남북 각지로 퍼져 나갔다.

이 같은 반가사유상은 처음 인도에서는 태자(太子)상으로 조성된 듯하다. 석가여래가 젊어서 왕궁을 빠져 나와 속세로 들어가 수도(修道)를 하면서 깊은 사유에 잠겼던 당시의 모습이라고 한다. 그러나 모두가 다 그런 것은 아니며 삼존(三尊) 조각 가운데는 좌우 대칭(左右對稱)으로 반가사유상을 조각한 유례도 보이고 있다.

이 같은 인도의 방식은 중국에 들어와 처음에는 역시 태자상으로 만들어졌다고 생각된다. 그러나 점차 시대가 흐름에 따라서 이 같은 불상이 '용수보살(龍樹菩薩)'이라고도 불리게 되었고, 그 뒤 우리 한반도의 삼국에 들어와서는 당시 크게 유행하던 미륵 신앙을 배경으로 그 보살상으로 조성되기에 이르렀다. 그러므로 반가사유상은 한반도에 있어서는 태자상으로 조성된 흔적은 아직 보이지 않으며, 삼국에서의 유품은 모두 미륵보살상으로 신앙받던 것으로 보인다. 그것도 오랜 시간이 아니라 6세기에서 7세기에 걸쳐, 국내에서는 삼국의 통일 전쟁이 한참 가열하던 시대를 지나 삼국이 통일된 초기까지 대략 유행한 것으로 생각된다. 그것은 삼국을 통하여 수용 경로의 차별은 있었다 하더라도 그 시기는 비슷하였다고 생각되므로 이 시기에 조성된 미륵보살상은 반가사유양식이 많이 유행한 것으로 보인다.

특히 삼국 가운데 최후의 승리를 거두어 통일 대업을 완수한 신라에서는 다른 두 나라보다 이 같은 반가사유상이 크게 유행한 것으로 생각된다. 그것은 금세기에 들어서 먼저 일본 사람이 수집한 것과 해방 뒤우리 손에 의하여 전국 각지에서 새로 조사된 것 그리고 기존 작품에 대한 우리의 연구를 통하여 밝혀진 사실들을 종합해서 그같이 말할 수 있을 것이다. 그 까닭은 불교에서 어떤 불상이 많이 만들어지고 또한 우수한 작품이 만들어지는가 하는 문제는 무엇보다도 그 불상에 대한 신앙의 강도 그리고 기술 연마에 달렸기 때문이다. 예배와 믿음이 없는 곳에 불상이 만들어질 수가 없으며, 시대의 간절한 염원이 따르지 않는 곳에 믿음과 예배의 대상인 불상이 만들어질 수는 없기 때문일 것이다. 불상 조상의 유행과 그 기술 연마는 모두 시대의 믿음과 국민의 소원에 정확하게 비례하고 있다 하여도 과언이 아닐 것이다.

이 같은 사실은 특히 종교 미술의 각 부분에서 동서양을 막론하고 말할 수가 있을 것이다. 따라서 우리나라에서 미륵 신앙이 크게 유행하던 삼국시대에 있어서 그 보살상이 반가사유 양식으로 이루어져서 삼국 제일의 우수한 불상이 이 시대에 만들어진 사실이나, 또는 통일신라시대에 들어와 7, 8세기에 걸친 아미타불상의 신앙이 마침내 그 유행의 정점

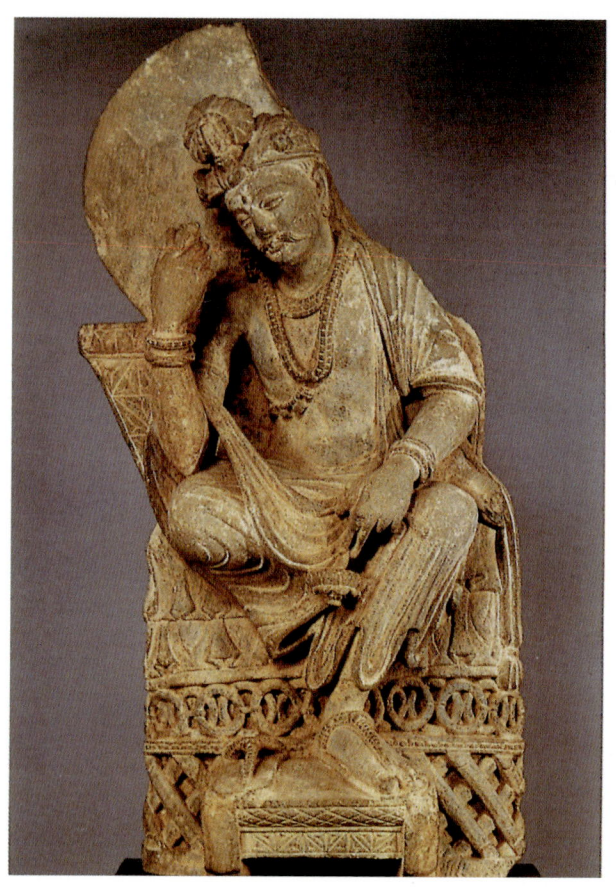

간다라 석조 보살 반가사유상 간다라 지방에서 조성된 석조 반가사유상이다. 광배 등에 조금 파손이 있으나 거의 완형을 보여 주고 있어 마투라 출토의 반가사유상과 더불어 인도에 있어서 반가사유상의 원류를 보여 주는 귀중한 자료다. 등나무로 만든 의자에 허리를 기대고 오른발은 신발을 벗어 왼쪽 무릎에 얹고 약간 윗몸을 숙여 명상에 잠긴 모습이다. 왼손은 연꽃 한 송이를 들고 있다. 조성 연대는 3세기로 추정, 높이 50.3센티미터, 일본 동경 송강미술관(松岡美術館) 소장.

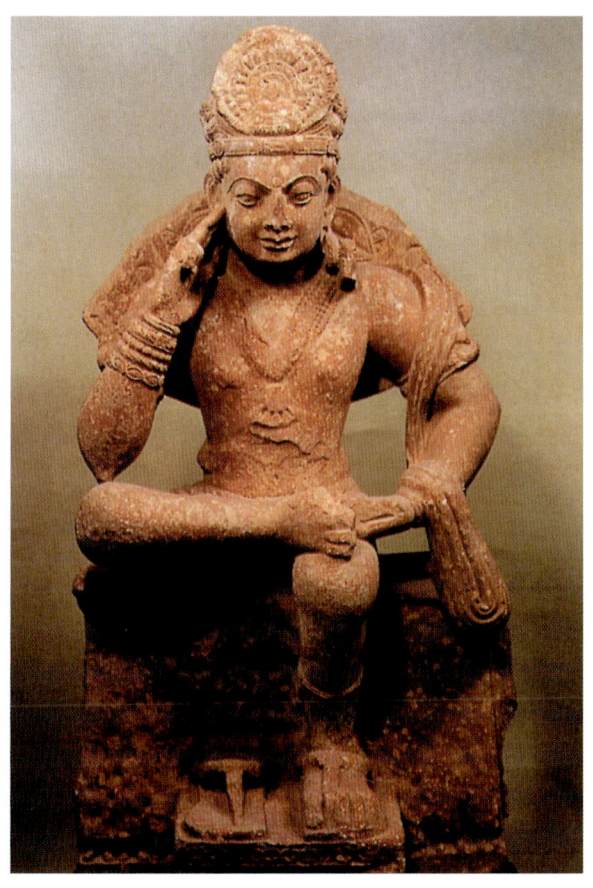

마투라 석조 보살 반가사유상 마투라 양식을 보여 주고 있는 반가사유상이다. 보관 속에 화불(化佛)이 표현되어 있어 매우 흥미롭다. 보관에 화불이 나타나는 대표적인 경우는 『무량수경』에 따르면 관음보살로 알려져 있어 이 상의 경우도 존명을 관음보살로 추정하기도 한다. 그러나 중국 석굴의 경우 미륵보살에도 보관에 화불이 새겨진 실례가 있으므로 이 상 또한 미륵보살일 가능성도 부인할 수 없다. 조성 시기는 2세기 후반 무렵 추정, 높이 67.4센티미터, 미국 크로노스(Kronos) 소장품.

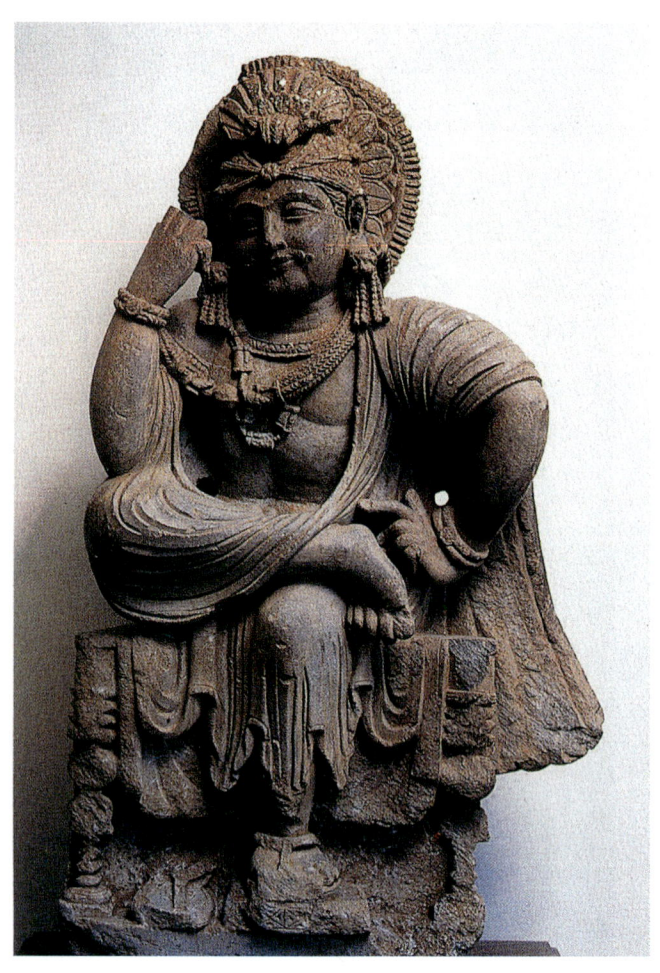

스와트 석조 보살 반가사유상   인도 불상 양식의 흐름인 간다라 양식과 마투라 양식이
서로 영향을 주고받아 이루어진 것이 이 반가사유상이다. 앉아 있는 모습이 상체에 비
해 하체가 빈약하고, 특히 왼쪽 어깨를 감싸며 길게 늘어진 옷자락이 왠지 무겁게 느
껴진다. 더욱이 반가사유상의 자세이나 상체는 거의 기울기 없이 꼿꼿이 선 자세의 표
현 등은 작품의 격을 낮추고 있다. 스와트 출토, 높이 60센티미터, 일본 개인 소장.

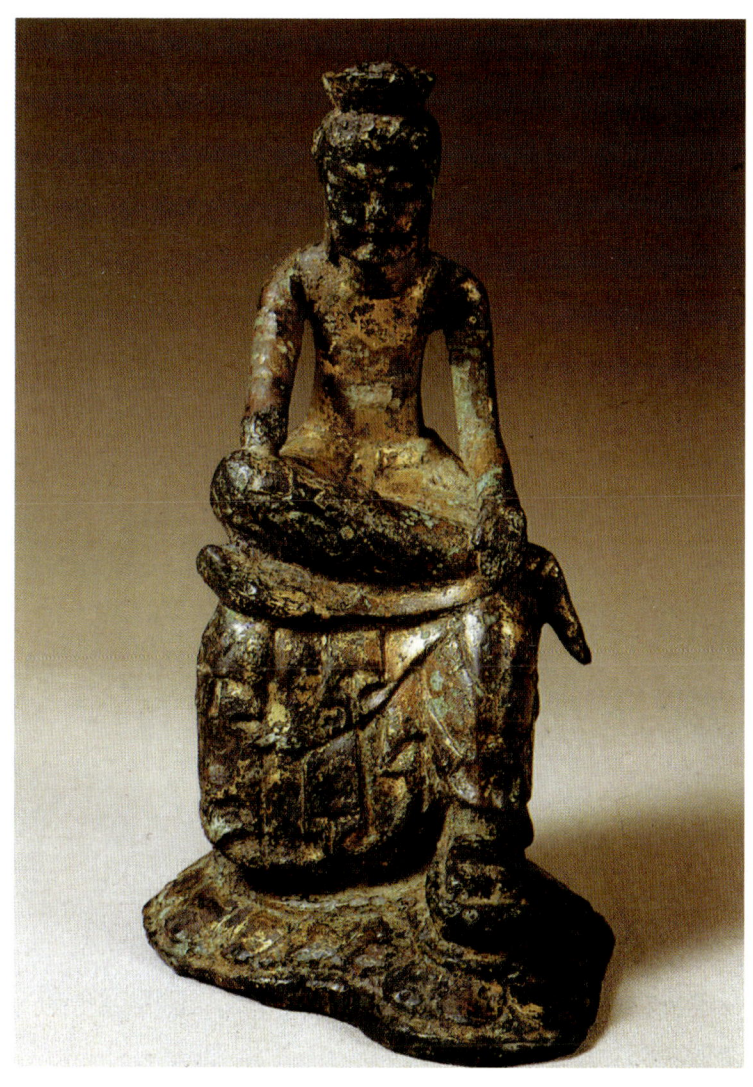

평양 평천리 금동 반가사유상　고구려 옛 수도인 평양의 옛 절터에서 출토된 이 반가사
유상은 삼국시대에 고구려, 백제, 신라 모두 반가사유상 형식이 유행하였음을 뒷받침
하는 자료가 된다. 턱을 받치는 오른팔이 떨어져 나가 아쉽다. 머리 뒤쪽에는 길쭉한
광배꽂이가 달려 있다. 국보 제118호, 높이 17.5센티미터, 서울 개인(김동현) 소장.

부여 부소산 납석제 반가사유상 허리
가 잘려 상체는 떨어져 나가고 하반신
만 남아 있다. 그러나 왼쪽 무릎에 얹
은 반가한 오른발과 그 발목을 잡고
있는 왼손 그리고 오른쪽 무릎에 남아
있는 흔적 등으로 미루어 반가사유상
임을 알 수 있다. 아래쪽 끝부분에 타
원형 돌출부가 있고, 내려뜨린 왼쪽
다리 밑부분 역시 구멍이 나 있어 이
상을 받치는 대좌 부분이 따로 만들어
졌음을 짐작하게 한다. 높이 13.5센티
미터, 국립부여박물관 소장.

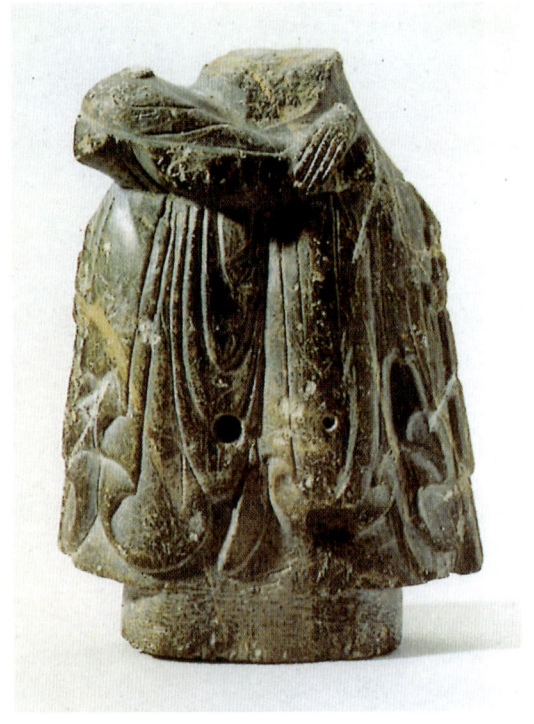

초에 부여(扶餘) 부소산(扶蘇山) 건물터에서 발견되었는데, 고구려의 금
동상과는 달리 납석으로 조성되었으며, 상반신(上半身)을 잃은 하반신
(下半身)뿐이다. 이 작품의 양식은 허리 이하에서 잘 보이는데, 왼손이
오른쪽 발목 위에 남아 있어 반가한 원형을 보여 주고 있다. 고구려 상
과 같이 앞뒤에 의문이 새겨져 있고, 좌우 양측에 똑바로 내려진 긴 띠
가 새겨져 있다. 현재의 높이는 13.3센티미터이다.

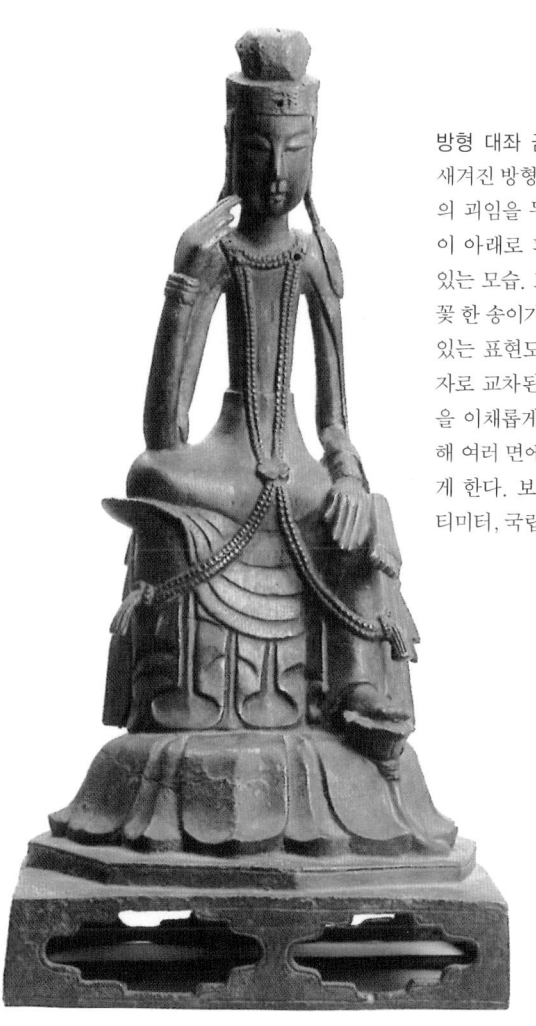

방형 대좌 금동 반가사유상 안상이 새겨진 방형의 대좌 위에 다시 팔각형의 괴임을 두고 그 위에 길쭉한 꽃잎이 아래로 피어난 연화좌 위에 앉아 있는 모습. 또 줄기가 달린 조그만 연꽃 한 송이가 피어올라 왼발을 받치고 있는 표현도 멋있다. 가는 허리와 X자로 교차된 영락 장식이 매우 이 상을 이채롭게 한다. 가는 허리를 비롯해 여러 면에서 백제인의 솜씨를 엿보게 한다. 보물 제331호, 높이 28.5센티미터, 국립중앙박물관 소장.

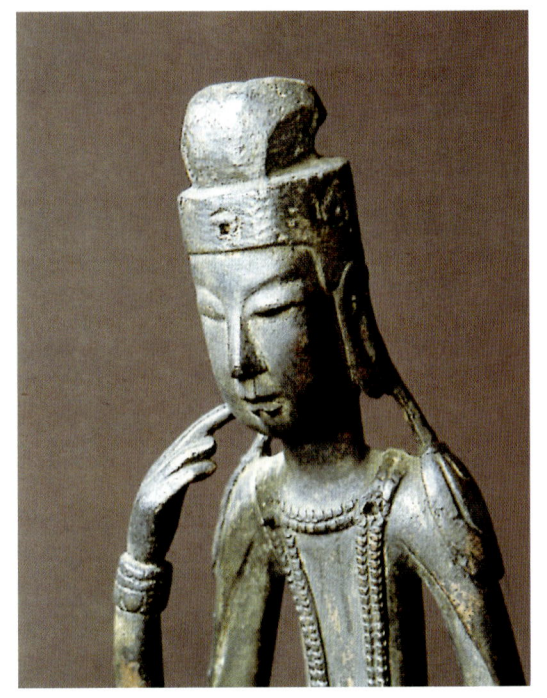

방형 대좌 금동 반가사유상
(부분) 보관을 잃어버려
큼직하게 틀어 올린 보발
이 드러나 보이며, 머리 앞
과 좌우에 난 세 개의 구멍
은 보관을 고정시켰던 못
구멍이라고 짐작된다.

　여기서 잠시 언급할 것은 백제가 그 말기인 6세기 후반에 미륵상을
일본에 전했다는 일본 측의 기록이다. 이 기록의 석미륵(石彌勒)은 아마
도 부소산에서 발견된 것과 같은 크기의 작품으로 반가사유상 양식의
미륵보살상으로 보인다.

　이 같은 납석제 반가사유상은 해방 뒤에도 부여 읍내에서 다른 1구가
출토되어 현재 국립부여박물관에 진열되어 있는데, 이 같은 납석제 반
가상이 부여를 중심으로 한때 유행하였고 일본에도 건너가 영향을 끼쳤
던 사실을 알 수 있다. 그러나 오늘날 남은 것이 모두 하반신뿐인 사실
은 애석하다.

서산 마애 반가사유상

백제 반가사유상의 최대 작품은 해방 뒤 1956년 부여 서북방인 서산 (瑞山)에서 발견되었다. 그것이 바로 서산 마애 삼존불인데, 그 가운데 협시보살 1구가 반가사유상 양식을 보이고 있었다. 이 반가상은 다행히 일부를 제외하고는 잘 보존되어서 광배나 연화 대좌를 갖추고 있다. 큰 암석면에 조각되었으므로 아마도 백제의 작품으로서는 제작 이래 자기의 위치를 오늘에 지켜온 가장 소중한 백제의 반가상임이 틀림없다.

머리에는 삼면 보관이 있어 꽃무늬를 장식하였고, 둥근 얼굴에는 웃음을 머금고 있다. 목걸이가 있으며, 상반신은 나체인데 하반신에 이르러 의문 표시도 뚜렷하게 남아 있다. 맨 아래(最下)에는 둥근 단판(單瓣) 연꽃이 대좌를 이루고 있다. 이 상은 삼존 가운데 협시보살로 조각되었는데, 다른 본존과 보살상은 입상(立像)이어서 서로 대조를 이루고 있다.

백제의 반가상으로서 이 서산 마애상이 해방 뒤 새로이 발견되어 국민의 큰 주목을 받아서 오늘날 국보 제84호로 지정되어 있다. 그리고 이곳의 삼존불은 위에서 말한 바와 같이 삼국시대 백제에서 유행하던 세 종류의 불·보살을 모두 한자리에 조각한 느낌을 준다. 그리고 이들이 모두 일본 불상의 초기 작품들과 깊은 관계가 있는 작품이라고 해서 일본으로부터 이곳을 찾는 관광객이 늘고 있는 사실도 또한 주목할 만하다.

김제 대목리 동판(銅板) 반가사유상

백제의 작품으로, 금속판에 조각된 일례가 1980년경에 전라북도 김제군 대목리(大木里)의 백제 절터에서 발견되었다. 사각형 동판 중앙에 반가상 1구를 주존(主尊)으로 새기고, 그 좌우에는 각 1구의 나한 입상을

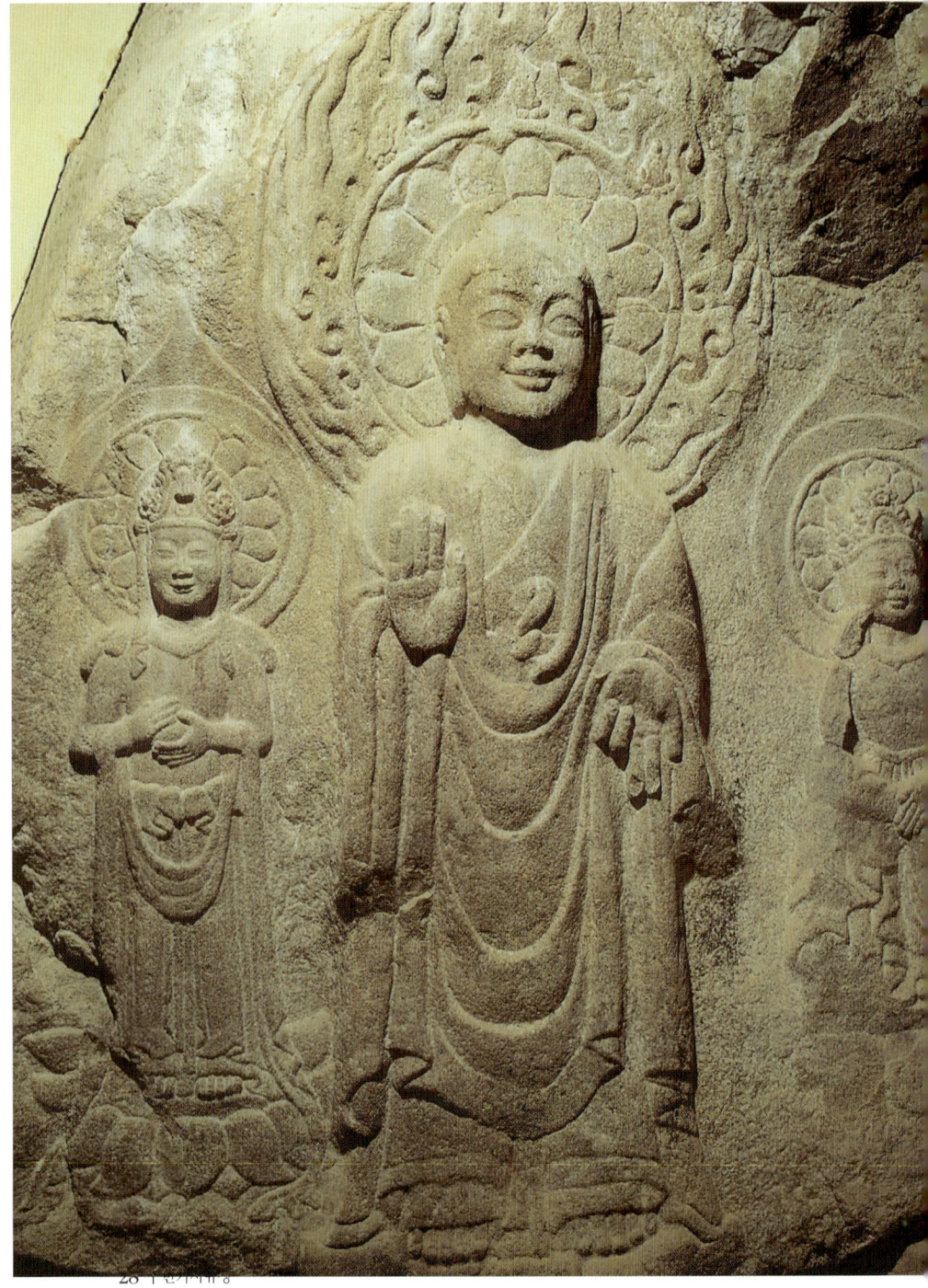

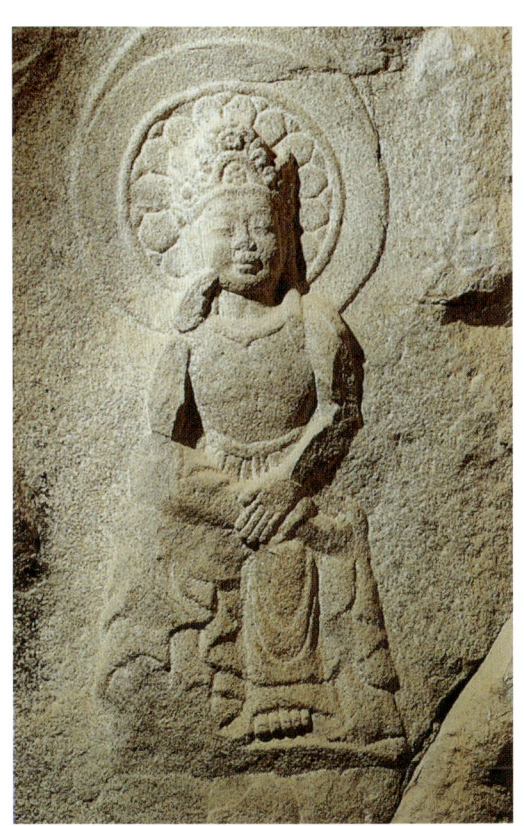

서산 마애 삼존불 전경(옆면)과 반가사유상(위)　이 삼존불은 충남 서산의 가야산 계곡 가운데 빼어난 경관을 자랑하는 곳에 자리하고 있다. 이웃한 태안 마애 삼존 불(보물 제432호), 예산 화전리 사면석불(보물 제794호) 등과 더불어 백제 문화의 참모습을 보여 주는 귀중한 작품이다. 곧 이들이 자리한 지리적 위치는 태안반도 에서 백제의 도읍지인 부여로 이어지는 옛날의 중요한 길목에 자리하고 있어 중국 과 빈번한 교통이 이어지던 교통로인 까닭에 화려한 문화의 꽃이 피었던 것이다. 이 삼존불은 구도상에서도 매우 다른 특색을 보여 주고 있다. 곧 여래 입상을 가운 데 두고 왼쪽에 반가사유상이, 오른쪽에는 보살 입상이 각각 배치되어 있다. 특히 여래의 왼쪽에 자리한 반가사유상은 신라 지역의 단석산 마애 반가사유상과 더불 어 제자리를 지키고 있으며, 또한 대좌와 광배를 모두 갖추고 있어 우리나라 반가 사유상 연구에 매우 귀중한 자료다. 국보 제84호, 삼존불 높이 2.8미터, 반가상 높 이 1.66미터.

새겼다. 반가상은 탑 모양을 보관 중앙에 새겼으며 상반신은 나체인데 하반신에는 의문이 새겨져 있다. 아마도 백제 말기의 작품으로 보이는데, 전라북도에서 발견된 것으로는 처음이다.

위에서 백제의 확실한 작품으로 석제상과 마애상 그리고 금속 작품 등을 각각 하나씩 예를 들었는데, 그 밖에도 보물 제33호인 방형 대좌 미륵보살 반가사유상 등이 있다. 이것으로 미루어 백제에서는 미륵 신앙에 따라서 이 같은 반가사유 형식의 미륵보살상이 또한 크게 유행한 사실을 짐작할 수 있다.

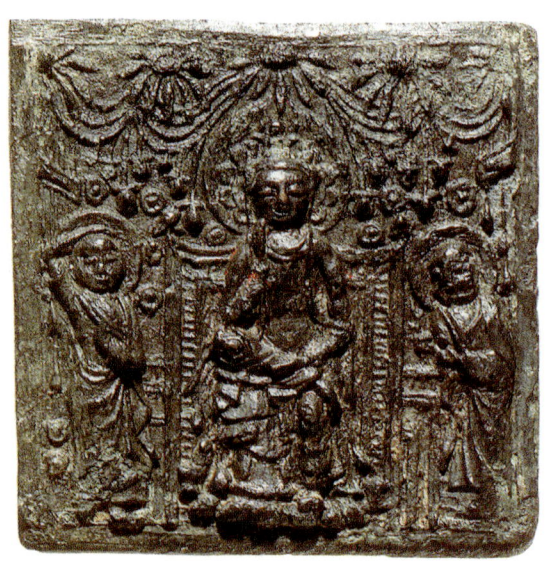

김제 대목리 동판 반가사유상　이 동판 반가사유상은 여래삼존상과 공양자상 그리고 화불로 보이는 인물 군상의 동판상과 더불어 백제의 옛 땅인 전북 김제에서 출토되었다. 반가사유상은 독존상이 아니라 좌우에 나한상이 시립한 삼존 형식인 점도 특색이다. 뿐만 아니라 반가사유상 뒤쪽에 보이는 병풍을 펼친 듯한 장식은 일본 광륭사의 목조 반가사유상 뒤 장식과 유사하여 흥미로운데, 이는 앞서 간다라 출토 석조 반가사유상에서 보이는 등나무로 만든 대좌와도 연결되어 있어 매우 고식의 모습이라고 생각된다. 크기는 가로 6.4센티미터, 세로 6.4센티미터, 두께 0.6센티미터, 국립전주박물관 소장.

연기군 비암사 비상(碑像)

　백제가 멸망한 직후 그 유민들에 의하여 충청남도 연기군(燕岐郡) 비
암사(碑巖寺)를 중심으로 비상이 여러 개 만들어진 사실이 해방 뒤에 밝
혀졌다. 그 가운데 2개의 비상석에서 각각 반가상을 조각한 작품이 발
견되어 오늘 국립중앙박물관에 진열되어 있다.

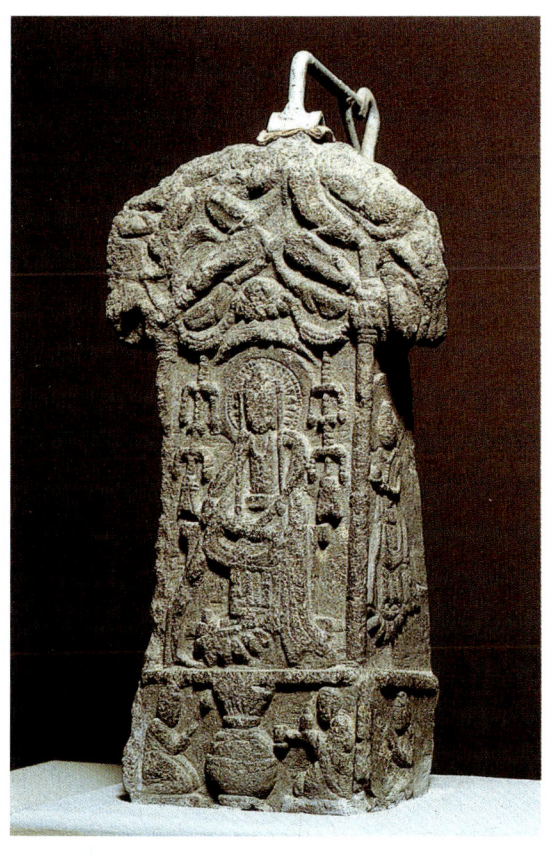

연기군 비암사 비상의 미륵보살
반가 석상　남석으로 만든 이
석상은 그 생김새가 탑비(塔碑)
와 닮았다고 하여 '비상(碑像)'
이라고 일컬어진다. 이러한 비
상은 중국 동·서위시대에서 비
롯되어 수·당시대까지 유행하
였으며, 우리도 이 영향을 받았
다. 대좌와 사면석 그리고 용이
새겨진 옥개(탑비에서 이수(螭
首)라고 함.)가 모두 하나의 돌
로 이루어져 있다. 이 석상은
1960년에 충남 연기군에 있는
비암사에서 계유명 전씨 아미타
불삼존 석상(국보 제106호), 기
축명 아미타여래제불보살 석상
(보물 제367호)과 함께 발견되
었다. 장방형의 사면석에는 앞
쪽에 반가사유상, 뒤쪽에 보탑
그리고 좌우에는 공양자상이 각
각 새겨져 있다. 보물 제368호,
높이 41센티미터, 국립중앙박
물관 소장.

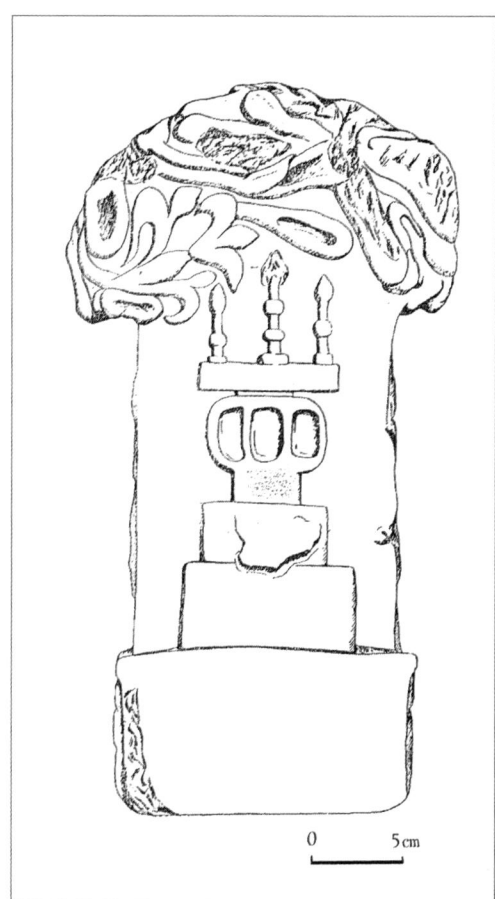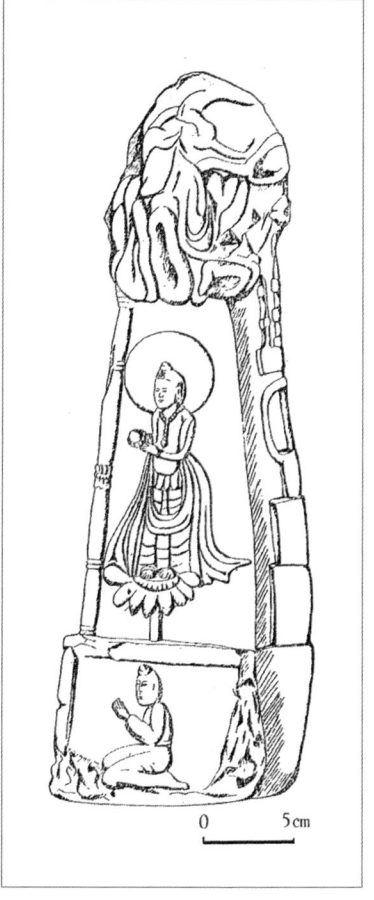

0   5cm

0   5cm

연기군 비암사 비상의 실측도(뒷면과 측면)   마치 T 자형을 연상케 하는 이 비상은 아래쪽에 대좌, 중앙에 사면석 그리고 위쪽에 비의 이수에 해당하는 개석(蓋石)으로 구성되어 있는데 모두 하나의 돌로 이루어져 있다. 뒷면은 보탑이 새겨 있는데, 그 형식은 우리나라 일반 석탑이나 목조탑의 방형탑 형식이 아니라 중앙아시아 계통 또는 보형인탑의 형식(왼쪽)과 닮은 점이 매우 흥미롭다. 특히 상륜부의 형식이 눈길을 끈다. 또한 양 측면에는 보살상, 대좌면 공양자상(오른쪽)이 각각 새겨져 있다. 따라서 앞면의 반가사유상을 주존으로 하여 양 측면의 두 보살이 삼존 형식을 이루고 있다고도 볼 수 있는데, 특히 양 측면에 있는 연화좌는 줄기가 표현되어 있어 마치 삼존불의 경우 '일경삼존(一莖三尊)'의 형식을 연상시키고 있다.

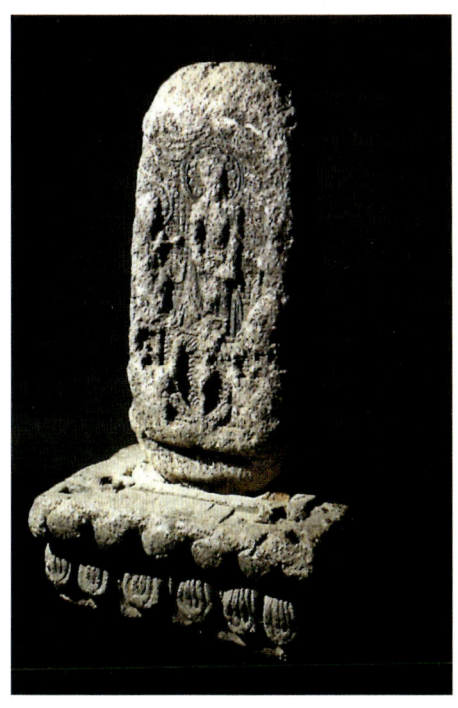

연화사 무인명 석불상과 대좌　이 비상은 대좌와 사면석이 각기 따로 만들어져 조립된 구성을 갖추고 있는데, 현재 개석은 잃어버렸으며 지금의 대좌도 제작은 아닌 듯하다. 납석제의 사면석은 앞쪽에 아미타오존상, 뒤쪽에 미륵삼존상을 새겼고, 좌우의 측면은 위가 좁고 아래가 넓은 모습인데 그 중앙에 행간을 만들고 명문을 음각하였다. 뒤쪽의 미륵삼존상은 주존이 반가사유상이고 그 좌우엔 향로로 생각되는 지물을 든 보살상이 서 있다. 삼존상의 뒷배경이 되는 공간을 격자무늬로 채운 점도 눈길을 끈다. 또한 앞쪽의 아미타오존이나 반가사유상면 모두 아래쪽에 물결무늬를 새기고 그 속에서 피어난 꽃을 새기고 있어 연못을 상징하고 있다고 보는데, 특히 양 측면에 卍 자 무늬의 난간을 나타내고 있어 흥미롭다. 앞쪽에는 아미타오존을, 뒤쪽에는 미륵삼존을 배치하고 있는 점은 당시 불교 신앙의 추세를 반영하고 있어 이에 대한 연구가 요망된다. 보물 제649호, 비상 높이 52.4센티미터, 연기군 서면 연화사에 봉안.

　그 가운데서 비암사의 예를 들면, T 자형을 이루고 정면에는 반가상만을 크게 새기고 그 좌우 양면에는 각기 1구의 보살 입상을 새겨 정면을 향하게 하였으며 다시 뒷면에는 1기의 보탑(寶塔)을 크게 새겼다. 이 보탑으로 보아서 정면의 반가상이 미륵보살임을 상징한 것으로 해석할 수가 있다. 높이는 41센티미터이다.

　비암사에는 이 밖에 명문이 새겨진 아미타삼존불 비상이 있는데, 이 반가상이 미륵보살로 추정된다면 백제 멸망 직후인 673년에 이르러 아미타와 미륵, 양상(兩像)에 대한 그 당시의 신앙 추세를 이것으로서도 짐작할 수가 있을 것이다. 이 같은 반가상의 또 하나의 예로서는 연기군 서면 연화사(蓮花寺)에서 조사된 것이 있어서 또한 귀중한 유례가 될 만하다.

일본 전래 반가사유상
대마도 정림사 전래 동제 반가사유상

백제의 반가사유상은 일본으로 건너가 그곳에서 깊은 믿음을 받았던 사실을 소홀히 해석할 수는 없다. 그 첫 번째 예의 백제 동제 반가상으로 서는 파손되기는 하였으나(현재의 높이는 15.8센티미터) 일본 대마도 정림사(淨林寺)에서 우리가 해방 뒤 조사한 하반신을 특히 주목할 만하다.

이 불상은 화재로 인하여 몹시 손상되었으나, 가는 허리의 모습이나 왼손이 무릎 위에 놓인 양식 그리고 좌우에 길게 내려진 띠의 양식 등이 모두 백제의 작품임을 곧 짐작하게 해주었다. 이 불상은 아마도 백제에서 해로(海路)를 통해 일본 대마도에 건너가 오랫동안 믿음을 받았고, 화재로 손상되면서 일부가 다행히 보존되었다고 생각된다.

나가노현 관송원 전래 동제 반가사유상

또 다른 동제 반가상으로는 오늘 일본 나가노(長野)현 관송원(觀松院)에서 전래하는 반가상을 들어야 할 것이다. 이 상(像)은 오른쪽 손을 잃고 현재 나무로 보수하였는데 그 이외는 모두 원형을 잘 간직하고 있다. 길고 가는 상반신은 세련된 작품 솜씨를 오늘에 전하고 있으며, 하체에 의문이나 장식 등이 고식(古式)을 보이고 있어 위에서 말한 부여 부소산 석상 또는 앞의 대마도 상과 서로의 관계를 잘 보여 준다고 할 수 있다.

이 불상은 관송원 신사에 신주(神主)로 봉안되어 있어 불교와는 무관한 현상이며, 이것은 해외로 유출된 백제 작품의 기구한 운명이라고나 할까. 백제와 일본과의 불교 문물의 전수 사실에 비추어 오늘 국내에서 찾을 수 없는 문헌과 작품이 적지 않게 일본에서 전래하는 사실은 백제의 고문화를 더듬는 자리에서는 소홀히 하여서는 아니 될 것이다.

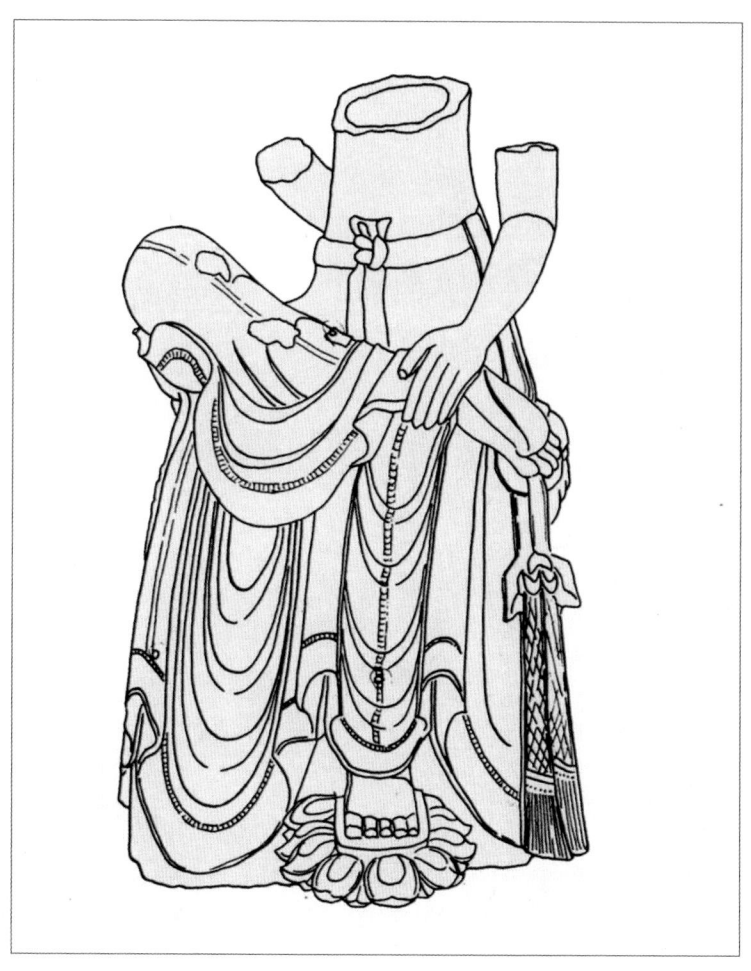

대마도 정림사 전래 동제 반가사유상(실측도)　상반신을 잃어버려 안타깝지만 남은 하반신은 반가사유상의 형식을 잘 나타내고 있다. 가는 허리와 옷주름 등 세부 양식에 서 백제의 양식을 잘 드러내고 있다. 현재 높이 15.8센티미터.

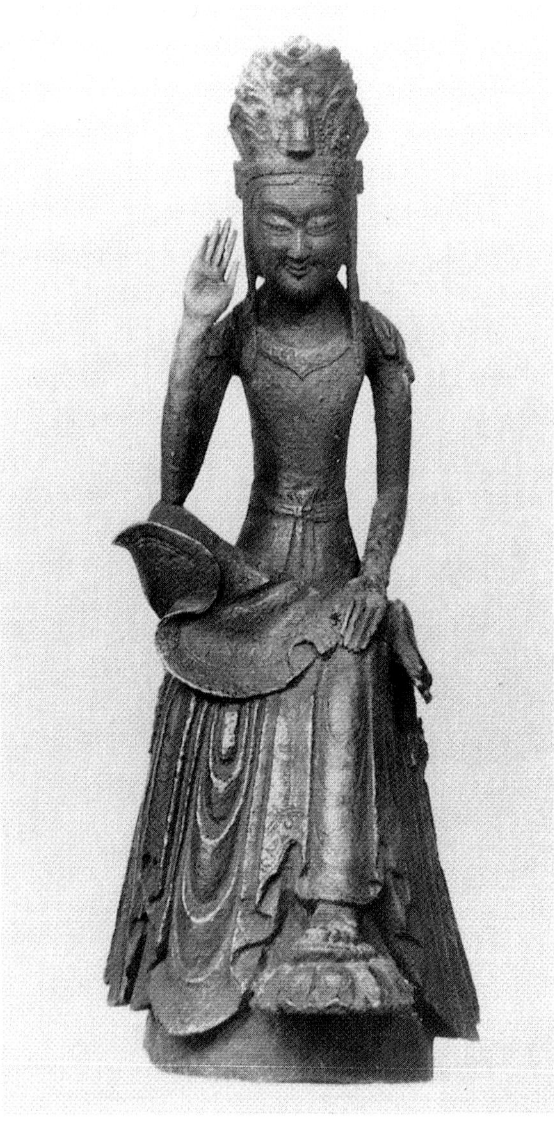

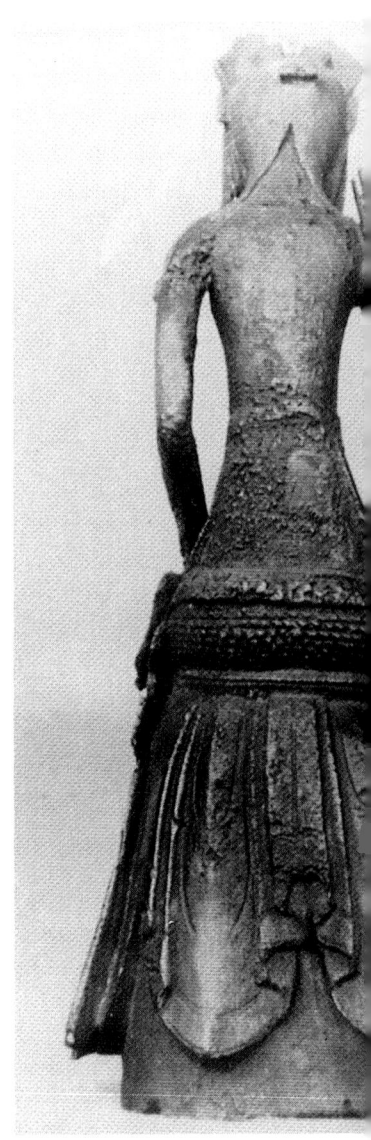

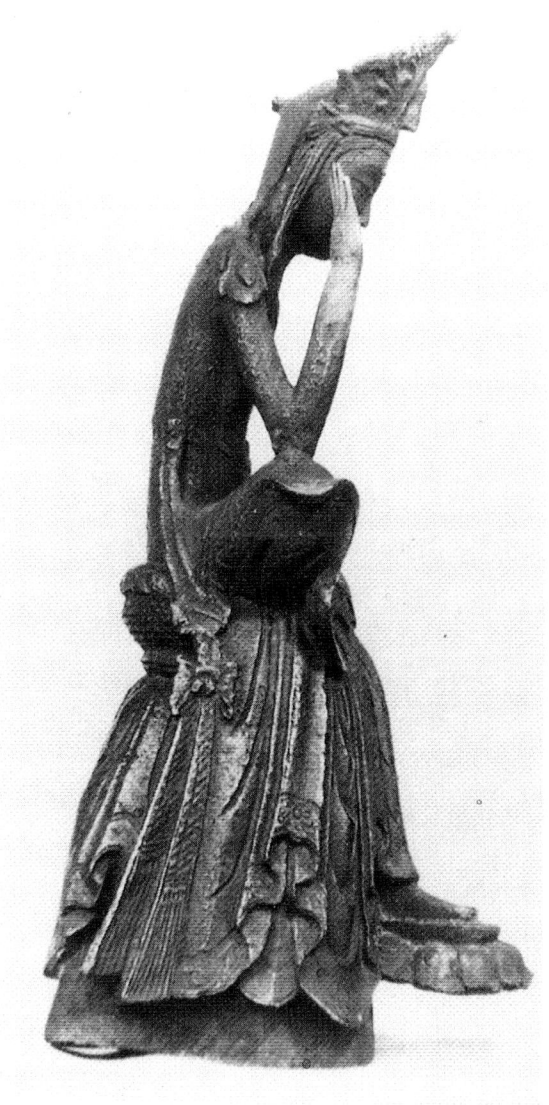

나가노현 관송원 동제 반가사유
상 오른손을 잃어 현재 나무
로 보수하였는데 반가사유형을
나타내었던 본래의 모습과 다
르게 손 모양을 처리하였다. 그
외에는 원형을 잘 남기고 있다.
상의 아래쪽에 턱이 나와 있는
것으로 미루어 대좌에 끼웠던
것으로 추정된다. 이는 서산 마
애불에 보이는 반가사유상이나
단석산 신선사 마애 반가상 모
두 대좌와 광배를 갖추었기 때
문이다. 왼쪽은 정면, 가운데는
뒷면, 오른쪽은 옆면이다.

고신라의 반가사유상

신라는 일찍부터 경주를 수도로 삼아 천년의 사직을 이어왔다. 아마도 세계 역사상에도 드물다고 할 것이다. 그리하여 서기 6세기 초에 삼국 가운데 가장 늦게 불교를 받아들였는데, 일단 불교가 공인된 뒤부터는 급속한 불교문화의 발달을 이루게 되었다. 반가사유상의 역사 그리고 오늘에 전하고 있는 작품에서 보더라도 그 실상이 고구려, 백제보다 뛰어나다.

여기서는 먼저 경주를 중심으로 설명하여 보겠다. 다만 이곳에서 말하여 둘 것은 한 나라의 수도인 경주가 국토의 동남 한구석에 편재하고 있어서 북으로부터 육로를 거쳐서 들어오는 외래문화는 시간과 경유지(經由地)를 고려하여야 할 것이다.

언양·양산 등지는 경주의 서쪽으로, 낙동강으로 통하는 남북 수로가 있었다고 보아야 할 것이다. 그러나 육로를 통하는 문화의 전수는 북에서 높은 산을 넘어야 하는 난관이 있었다. 그러나 그 산을 넘어서면 낙동강이 흐르고 있어 수로가 다시 이용되었을 것이며, 반대로 서울 방면으로는 산을 넘어서면 한강이 있어서 그 수로를 이용하여 사람과 물자의 교류가 일찍부터 열린 것은 말할 것도 없다. 그러므로 신라 국운의 융성과 문화의 개발에 있어서 낙동강과 한강은 지대한 역할을 다하였다고 보아야 할 것이다.

신라의 반가사유상이 발견된 곳을 연결하여 보면 신라 고대의 교통로를 짐작할 수가 있으니, 특히 낙동강과 한강은 신라의 역사와 문화에서도 큰 역할을 담당한 사실을 짐작할 수 있다.

경주 단석산 신선사 마애 반가사유상
경주를 중심으로 가장 오래된 반가상을 찾자면 경주에서 멀지 않은 단석산의 석굴 사원을 들어야 할 것이다. 반가상이 미륵이므로 미륵 신앙의 가장 오랜 도량으로 추정되는, 이곳 깊고 험한 산중의 특수한 굴법당에 올라가야 할 것이다.

이곳 단석산은 그 이름에서 김유신 장군의 연무(練武) 사실과 관계가 있다. 15세의 어린 나이에 화랑이 되었고, 이어서 17세에는 나라 으뜸의 화랑인 국선이 되었다. 이때 큰 뜻을 품고 이곳 단석산의 석굴을 찾아갔다. 그는 이곳에 머물며 그가 깊이 신앙하는 미륵불에게 삼국 통일의 큰 기원을 올리고자 하였던 것이다. 그가 이곳에 머무르게 된 까닭은 그의 미륵 신앙과 관련되어 있다. 왜냐하면 그가 찾아간 이곳 단석산 석굴 안에는 그가 깊이 귀의하는 미륵의 불·보살상이 모두 새겨져 있기 때문이다(이들은 '단석산 신선사 마애 불상군'이란 이름으로 1979년에 국보 제199호로 지정됨.).

이 석굴은 아득한 예부터 신령님이 머무르는 신령한 곳으로 전하여 왔다. 그 뒤 불교가 들어와서 이곳에 미륵불상을 새기고 석굴법당을 꾸몄던 것이다. 그는 일찍부터 미륵 신앙에 들어갔기에 이 사실이 널리 알려졌고, 따라서 그가 이끄는 화랑의 무리들을 세인들은 '용화 향도(龍華香徒)'라고 불렀다. 용화는 '미륵'을 의미하고, 향도는 한 믿음에 모여진 불교의 '신도 단체'를 가리킨다. 따라서 김 장군을 중심으로 그의 일행이 경주 거리를 지나갈 때는 사람들이 그 무리를 가리켜 이같이 불렀다고 『삼국사기』에 기록되어 있다. 다음의 이야기는 김 장군이 석굴에 들어가 기도하였을 때 일어난 일로서 이것 역시 옛 기록에 따른 것이다.

김 장군이 17세가 되던 해에 고구려, 백제, 말갈 같은 이웃나라들이 번갈아 신라에 침입하기에 김 소년은 분연히 이들 외적을 평정하려는 큰 뜻을 세웠다. 그리하여 홀로 중악 석굴(中岳石崛)에 들어가 재계하고 하늘에 맹세하기를

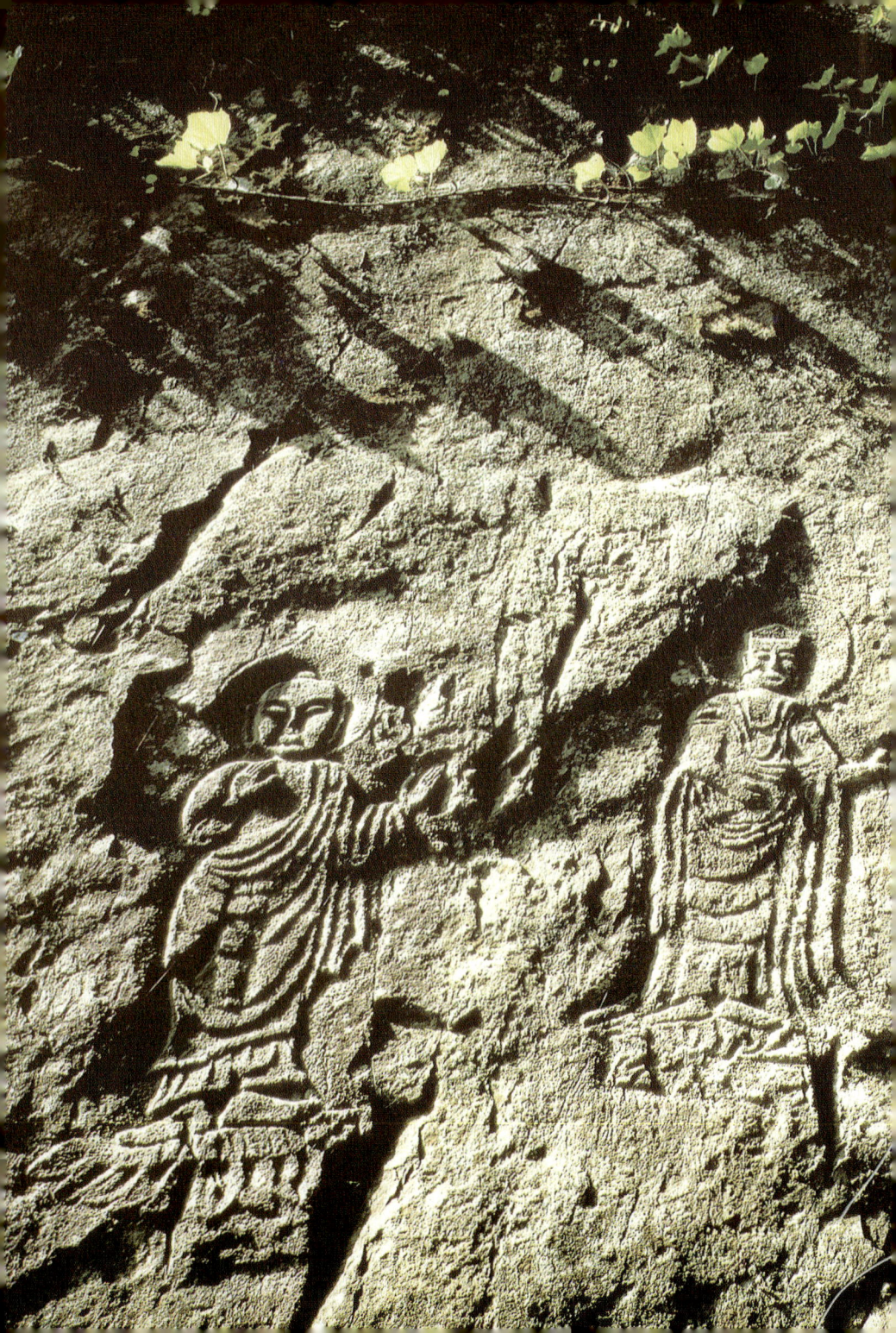

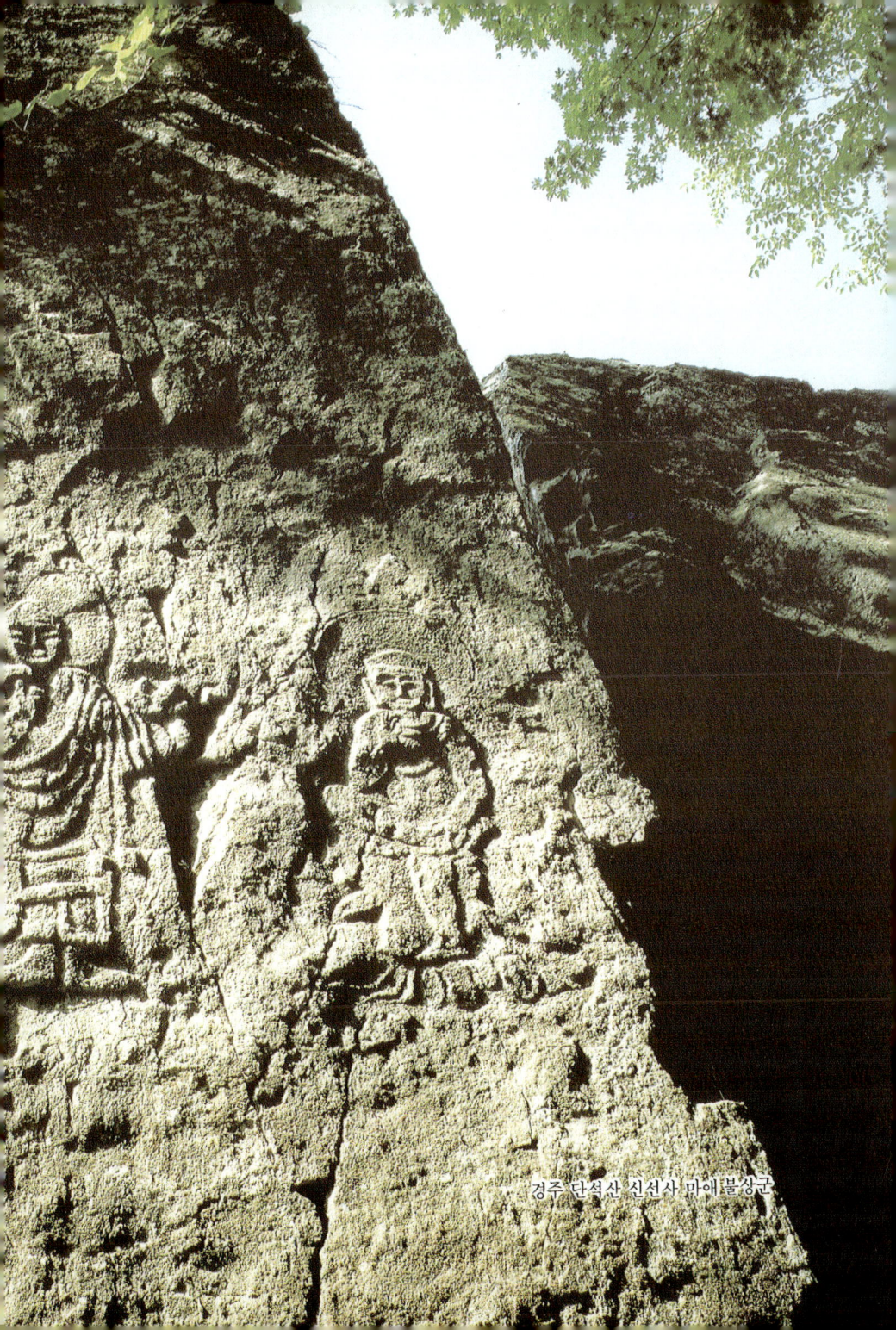

경주 단석산 신선사 마애불상군

"적국이 무도하여 맹수가 되어 우리 땅을 침범하니 편안한 해[年]가 없습니다. 나는 일개의 변변찮은 신하로서 실력을 돌보지 않고 마음은 이 화란을 물리치고자 하오니 하늘은 도움을 내리소서."라 하였다.

그렇게 머물기를 4일 만에 한 노인이 나타나 말하였다.

"이곳에는 독한 벌레와 맹수가 많아서 무서운 곳이다. 소년이 이곳에 혼자 와서 머무는 까닭이 무엇이냐?"

김 소년이 대답하기를

"장자(長者)는 어디서 오셨습니까. 존명을 여쭈어 볼 수가 있겠습니까?"

노인이 말하기를

"나는 사는 곳이 없고 가고 머무는 일을 인연에 따를 뿐이다. 나의 이름은 난승(難勝)이라 한다."

김 장군은 이 말을 듣고 그가 비상한 사람임을 알고 다시 절하고 말하기를

"저는 신라 사람입니다. 나라의 원수를 보고 몹시 괴로워서 이곳에 온 것입니다. 장자께 바라건대 나의 정성을 민망히 여기셔서 방술(方術)을 내려 주십시오."

노인은 묵묵히 말이 없었다. 장군이 눈물을 흘리면서 거듭 간청하기를 6, 7차에 이르니 노인이 그제서야 입을 열어 말하였다.

"너는 어린 몸으로 삼국을 병합하려는 마음이 있으니 또한 장하지 않느냐."

노인은 비법을 주면서 다시 말하기를

"신중하여라. 함부로 전하지 말지어라. 만약 불의(不義)에 이 비법을 쓰면 도리어 재앙을 받으리라."

말이 끝나자 노인은 그곳을 떠났다. 장군이 노인의 뒤를 바라보았으나 2리쯤 가서는 다시 볼 수 없었고, 오직 산 위에 빛이 있어 찬란하기가 오색과 같았다.

이곳에 보이는 노인 난승은 김 장군의 기도에 응하여 하늘에서 신라의 중악(中岳; 오늘의 경주 단석산으로 일명 '月生山'을 가리킨다.)으로 내려왔는데, 이 난승을 김영태 교수(동국대학교 불교학)는 해석하기를 하늘(도솔천)에서 미륵보살을 모시는 난승보살이라 하였다.

하늘의 미륵보살이 김유신 소년의 간곡한 기도에 감응하여 난승보살을 보내서 그를 석굴에서 만나도록 하여 비술을 전한 것으로 보아야 할 것이다.

이 이야기는 옛 기록의 난승 노인을 불교의 입장에서 해석한 것이다. 김 소년이 일찍부터 열성적인 미륵 신도였기에 하늘의 미륵보살이 마침내 김 소년의 기도에 응하였다는 설화가 마련된 듯하다.

김유신 장군이 석굴에서 기도한 사실은 의심할 수 없는 일이므로 그렇다면 그 석굴은 오늘 어느 곳에서 찾아야 할 것인가. 우리는 오랜 조사 끝에 그와 깊은 인연을 맺었던 경주 서면 송선리(松仙里) 단석산 위의 신선사터에서 비로소 미륵 석굴을 추정할 수가 있었다.

이곳은 예부터 전해 오는 고적으로 큰 바위가 있어 '상인암(上人岩)'이라고 부른 곳인데, 오늘에 와서는 원형을 잃고 있었다. 그러한 미륵 석굴을 조사하기 위해 경주에서 1트럭분의 비기목을 산 위에까지 운반하여 발판을 가설하였다. 그 까닭은 높이 10미터가 넘는 몇 개의 큰 바위가 한곳에 모여 있고, 그 내벽 높은 곳에 새긴 불·보살상과 글씨를 새겼기에 지상에 서서는 조사할 수가 없었기 때문이었다.

이 작업은 1주일 동안 계속되었는데 모두 10구의 불상과 인물상, 글자 200자 이상의 자세한 조사를 처음으로 진행할 수 있었다. 그리하여 이 석굴 사원의 복원 고찰에서 굴 내 불상의 실측과 촬영 그리고 글씨를 읽게 되어 비로소 불상의 존명과 옛 절의 이름도 모두 밝힐 수가 있었다. 성과는 매우 커서 경주에서 가장 오랜 미륵 석굴과 불상군을 밝히는

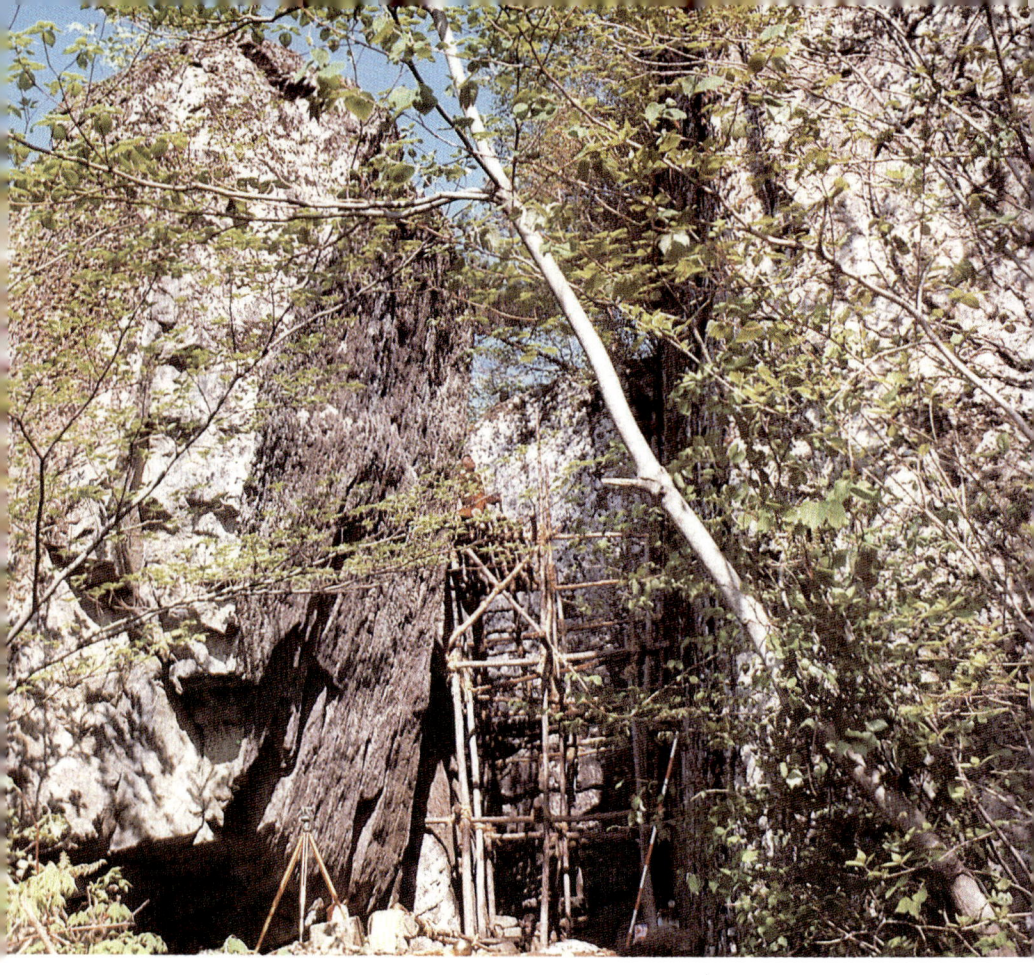

단석산 신선사 석굴의 전경 서쪽에서 굴을 바라다본 모습. 『동경잡기』에 "有巖屹立
高百餘尺"이라 특기하고 있듯이 높이 829미터의 단석산 정상 서남쪽 아래에 4개의 커
다란 바위가 병풍을 두른 듯 솟아 천연의 석실을 이루고 있는 이곳이 신선사의 옛 터
다. 그림에서 왼쪽이 북암인데, 이 북암은 두 개의 돌로 이루어져 있는데 앞쪽 바위에
반가사유상을 비롯한 여러 상이 새겨져 있고, 안쪽 바위에는 이 석굴의 주존불인 여래
입상이 새겨져 있다. 큰 나무가 비껴 서 있는 오른쪽 바위가 남암으로, 이곳에는 '신선
사'란 명문과 보살 입상이 새겨져 있다. 그림의 중앙에 보이는 바위가 보살 입상이 새
겨진 동암이다. (위)

신선사 석굴의 북암(제2) 마애 불상군(부분) 북쪽 바위 가운데 굴 안쪽에 주존불이
새겨진 바위를 묵암 제1이라고 하고, 그 바깥쪽에 나란히 서 있는 바위를 묵암 제2라
고 한다. 이 바위에는 모두 불·보살 인물상 등 모두 7구가 새겨져 있다. 굴을 향해 제
일 안쪽 벽에 반가사유상이 있고, 이어서 여래상 3구가 새겨져 있는데 왼손이 모두 반가
상 쪽으로 향하고 있는 점이 흥미롭다. (옆면)

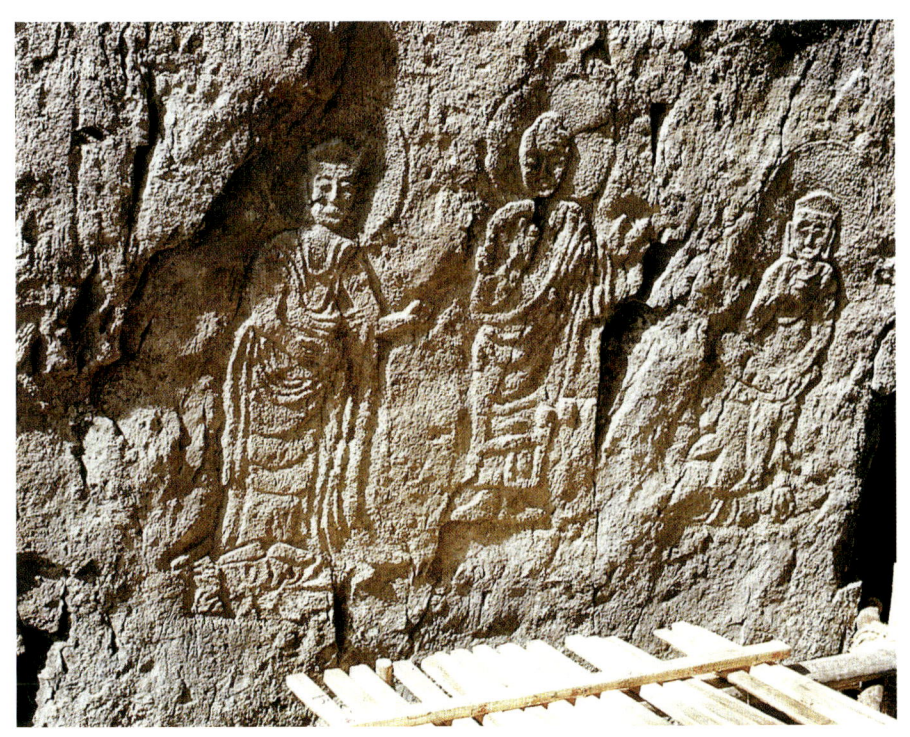

　동시에 김 장군과의 깊은 인연도 아울러 짐작할 수가 있었다. 동시에 이 단석산이 서쪽에 마주보이는 부산성(富山城)과 같이 신라 화랑의 중요한 연무 도장의 하나이며, 김유신 장군과 화랑의 중요 유적지임을 알 수가 있었다.

　이곳 큰 바위 윗면에는 일찍이 목조 기와지붕이 덮여 있어서 굴법당을 이루고 있었다. 그 내부는 동서로 길게 방을 이루었으나 남북이 좁아서 큰 법당을 이룰 수는 없었을 것이다. 그리하여 서쪽에서 출입할 때 안쪽으로는 거대한 삼존불이 3면에 배치되었으며, 입구 가까이 북면에

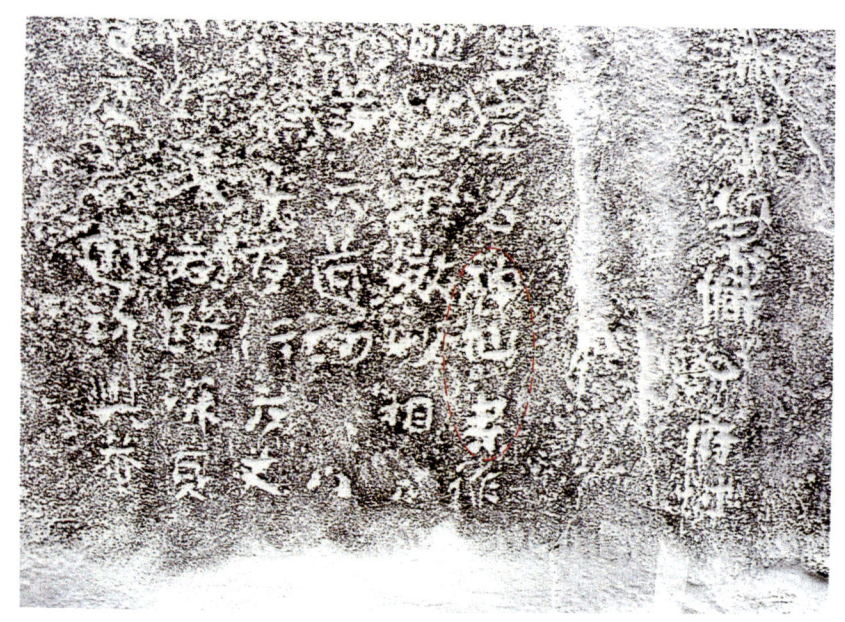

신선사 명문 탑본 석굴 사원인 신선사를 복원 고찰하던 중에 발견되었는데 "嚴下創造 伽藍因靈虛名神仙寺作彌勒石像一區高三丈菩薩二區明示微妙相…"이란 명문이 보인다(점선으로 둥글게 표시한 부분이 '신선사'라 씌어 있는 부분이다.).

는 불·보살 인물상 모두 7구가 조각되어 있다. 우리가 이 가운데에서 가장 주목한 것이 반가사유상임은 다시 말할 것도 없다. 안쪽의 삼존이 미륵불과 보살임은 글씨의 판독에서 틀림없었으며 사명(寺名)도 '신선사'라고 하였다.

이 시대에는 미륵을 가리켜 신선(神仙)이라 하였으므로 신선사라고 부른 이름은 곧 미륵사라고 할 수 있다. 그리하여 이같이 뚜렷한 이름이 밝혀짐에 따라서 이곳의 주불 삼존 입상이 모두 미륵삼존임이 처음 밝혀졌으며, 동시에 주존(主尊) 바로 옆에는 반가사유상이 따로 있어서 또한 미륵보살로 짐작할 수가 있었다. 따라서 이곳 신선사 석굴은 그 이름이나 불상 배치에서 고신라의 미륵 석굴임을 똑똑히 알 수가 있었다.

이 같은 결과는 우리가 처음 기대했던 이상의 성과로서 조사원들을 즐겁게 해주었다. 동시에 고대 유적의 조사를 위해서는 사전의 현지 답사와 충분한 준비 그리고 무엇보다도 넉넉한 시간을 가져야 함을 현장에서 깊이 깨달을 수도 있었다.

이 석굴은 신라에서 가장 오랜 불교 석굴로서 천연 위에 인공을 가하여 법당을 만들고 내벽에 마애 불상을 배치한 것이다. 그러므로 위에서 말한 바와 같이 석굴의 주존이 미륵불이므로 이곳을 '미륵굴'이라고 불러도 잘못이 없을 것이다.

이보다 약 150년이 지나서 이번에는 경주 토함산 정상 가까이에 인공으로 건축된 석굴암이 있어 '미타굴(彌陀窟)'이라 기록되어 왔으니, 그까닭은 말할 것도 없이 이곳 석굴암의 주존 대불좌상이 예부터 아미타불로 신앙하여 온 것이 틀림없었기 때문이다. 이 같은 엄연한 사실이 있었는데 금세기 초 우리나라에 온 일본 학자들은 손 모양(수인(手印))에 따라서 '석가불'이라고 함부로 이름을 바꿔 놓았고, 그 뒤 오늘에 이르기까지 외래인의 주장을 뒷받침하려는 듯 '석가여래'라고 우기는 사람들이 있으니, 참으로 안타까운 일이다.

이곳 반가사유상은 신라국에서 가장 먼저 조성된 석상으로 보인다. 동시에 천 수백 년 본래의 자리를 지키면서 오늘에 이르렀으므로 학술적으로도 매우 높은 가치를 지니고 있다. 그러므로 이 불상이 오늘 우리에게 보여 주는 양식은 신라에서 이 반가상에 대한 신앙이 유행되면서 다수 조성된 다른 반가사유상의 원형을 지니고 있다고 할 수 있다.

예술이 존귀한 까닭은 비록 천여 년이 넘은 세월이 지났다 하더라도 그 작품은 당시의 모습과 믿음을 그대로 오늘에 실물로서 보여 주기 때문이다.

이곳 신선사의 반가사유상은 그러므로 앞에서 말한 충남 서산의 백제 마애상과 더불어 각기 신라와 백제의 가장 확실한 작품임을 말하여 준다고 하겠다. 이 같은 확실한 자료를 얻어서 비로소 신라 반가사유상에 대한 연구의 시발점(始發點)을 얻었다고 할 수 있다.

이곳 신선사의 반가사유상은 작은 얼굴에 맞는 둥근 보관을 썼으며, 하체의 옷 무늬는 분명하지 않으나 대략의 모습을 짐작할 수 있고, 내려 놓은 발이나 손을 든 모습까지도 넉넉히 짐작할 수가 있다. 위아래에 둥근 광배와 단판의 긴 연꽃 대좌가 배치된 것 또한 신라 조각 초기의 고졸한 솜씨를 보이고 있다. 이 신선사의 마애 미륵상과 그 뒤 신라에서 조성된 목조, 금동 또는 석조의 같은 양식상은 서로 비교하여 고찰할 만하다.

경주 남산 금동 반가사유상

다음에 우리나라 반가사유상 가운데에서 가장 중요하고 가장 뛰어난 금동 미륵반가상(국보 제83호)이 바로 이곳 경주에서 발견된 사실에 대하여 살펴보기로 하겠다. 이 금동상은 일제 초기에 일본에서 건너온 불법자들에 의하여 은밀하게 약탈되어 곧 서울로 옮겨져 그 당시 문을 연 이왕가(李王家)박물관에 매도한 것으로 전하여 왔다. 그러나 이것을 매입한 박물관의 장부 또는 그것을 처음 입수한 일본인 관장의 담화에는 그 출토지에 대하여서는 "출현지로 짐작되는 경주"라 하였을 뿐 자세한 기록이 안 보인다.

이 작품은 비록 외인(外人)의 손에 의하여 우리나라 안에서 약탈되었으나 그 뒤 국내에 머물게 된 것은 다행한 일이다. 그러나 이것이 나라 으뜸의 보물이 될 뿐 아니라 그것이 세계에 알려짐으로써 드물게 보는 걸작으로 많은 미술사가들에 의하여 칭찬을 받았다. 그러나 우리는 아

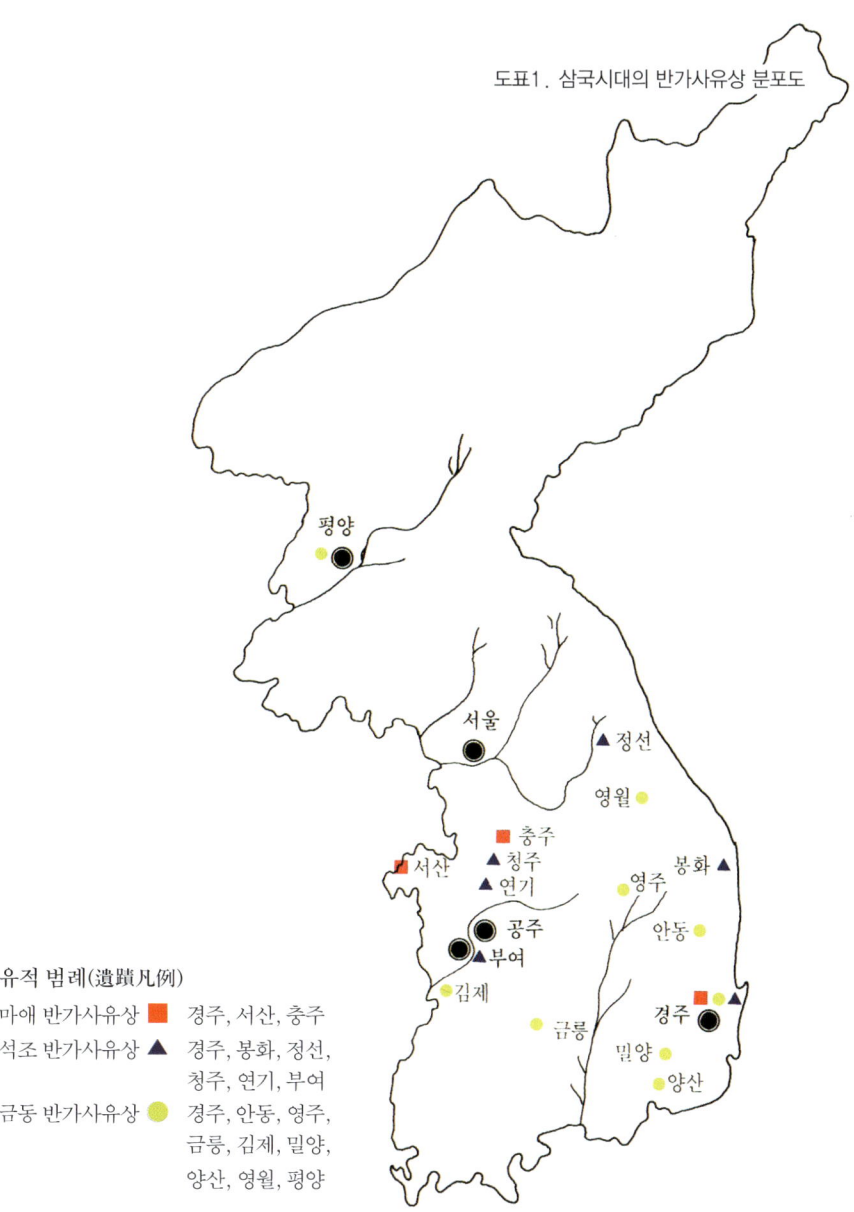

도표1. 삼국시대의 반가사유상 분포도

평양

서울

정선

영월

충주

서산

청주

연기

봉화

영주

공주

안동

부여

김제

금릉

경주

밀양

양산

유적 범례(遺蹟凡例)

마애 반가사유상 ■ 경주, 서산, 충주

석조 반가사유상 ▲ 경주, 봉화, 정선, 청주, 연기, 부여

금동 반가사유상 ● 경주, 안동, 영주, 금릉, 김제, 밀양, 양산, 영월, 평양

직까지는 이 같은 우리의 국보에 대하여 정확한 전래 정보를 얻지 못하고 있는 것이 사실이다. 그러나 해방 뒤 벌써 반세기가 가까운 세월이 흘렀다. 그러므로 국보급에 해당되는 고대 미술품에 대해서는 모든 관계 자료를 애써 찾아야 할 것은 다시 말할 것도 없다.

이 금동 반가상에 대해서는 일제 초기에 우리나라에 건너와 고대 문화재를 조사한 바 있는 일본 동경대학 교수 세키노(關野貞)의 기록인 『삼국의 조각』에 따르면 "이 불상은 신라의 수도 경주 오릉(五陵) 부근의 절터에서 출토하였다고 하더라."라는 짧은 기록만이 있다. 이에 따르면 이 새로 나온 반가상은 학자가 직접 현장을 조사하고 말한 것이 아니라 다만 그 출처에 대하여 다른 사람의 말을 옮겼을 따름이다.

그 뒤 국립경주박물관장을 오래 지낸 오사카(大坂金太郎) 씨가 해방 뒤 일본 마쓰에(松江)시로 건너가 은거중일 때 필자가 그를 찾아서 이 불상의 경주에서의 발견 장소에 대하여 문의한 바 있다. 그의 말에 따르면 위에 적은 세키노 교수의 경주 오릉 부근이 아니라 경주 남산 서쪽 산록 근처에서 나온 것으로 알고 있다고 하였다. 오릉과의 거리가 서로 멀지는 않으나 오릉 부근이라고 하기보다는 도리어 삼국시대 말의 절터가 남산 서북쪽(반월성 건너 남산 서록)에 분포하고 있어서 오사카 국립경주박물관장의 말이 더욱 신빙성이 있었다.

그 뒤 경주에서는 계속하여 이 근처에서 일제 초기의 불상 반출에 관한 구전(口傳)을 탐문하여 왔던 바, 마침내 해방 뒤에 신설된 사사로운 사찰(망월사(亡月寺)와 성불사(成佛寺))의 주지와 인근 주민들의 말을 종합하여 보다 분명히 이 반가상이 한때 봉안되었던 장소라고 전해 오는 곳을 찾을 수 있었다.

그곳은 오늘 경주 남산 서쪽 선방곡(禪房谷)의 삼존 석불(보물 제63호)이 서 있는 장소에서 작은 개울을 건너 망월사 경내의 주지실(住持實)터

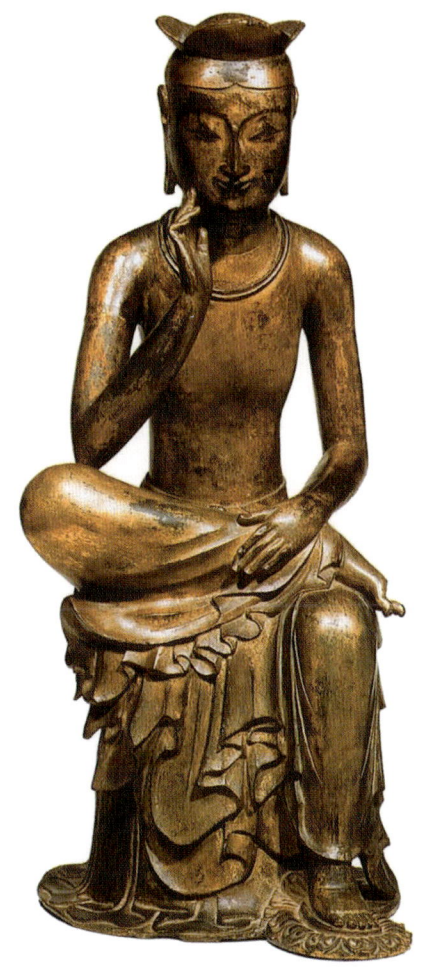

경주 남산 금동 반가사유상 우리나라에서 으뜸가는 국보 제83호인 미륵반가상이다. 이 금동상 출토지에 대하여는 여러 설이 전하고 있으나 최근까지의 현지 조사에 따르면 경주 남산의 선방골, 곧 배리 삼존 석불(보물 제63호)이 서 있는 부근에서 출토되었고, 그곳에서 개울을 건너 망원사 경내의 주지실터라고 일컫는 곳에 잠시 봉안되었다고 전한다.

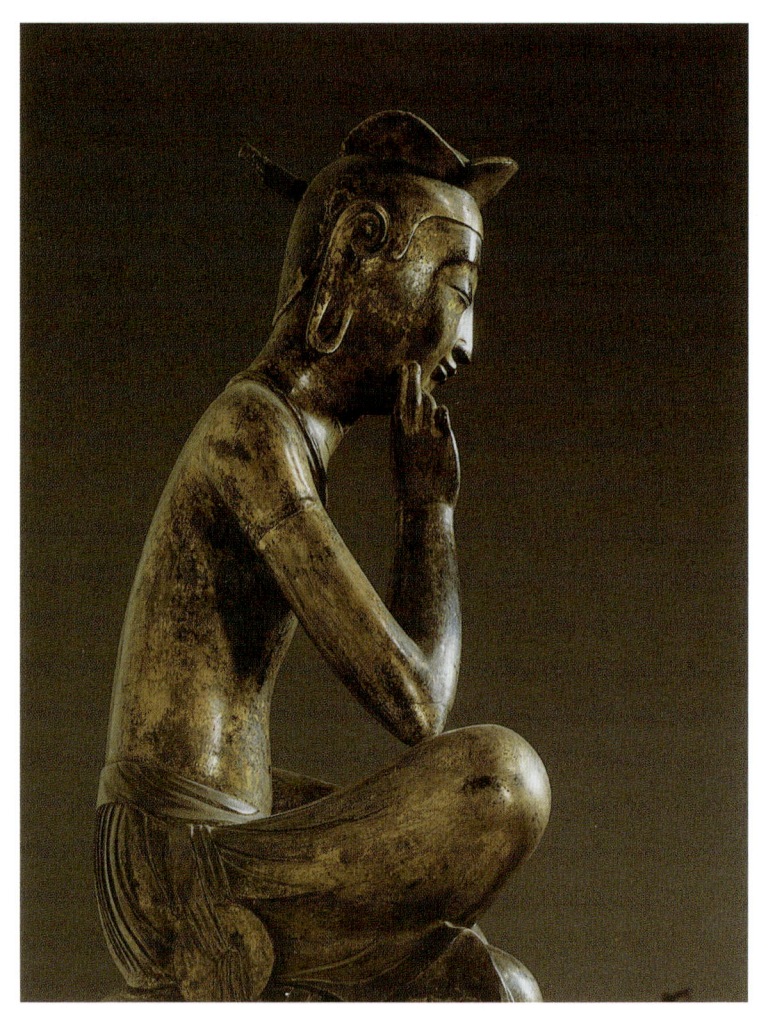

경주 남산 금동 반가사유상(부분) 이 금동 반가사유상은 그 세부 양식에서 일본 광륭
사에 있는 목조 반가사유상과 서로 깊은 관련을 맺고 있어 좋은 대조가 된다.

라고 일컫는 장소가 바로 그곳이라고 하였다. 그 이야기인즉, 구한말에 김 씨(남)와 오 씨(여)인 두 젊은 남녀가 결혼하여 바로 남산 이 자리에 작은 초가를 짓고 신혼 생활을 시작하였다. 하루는 남편 김 씨가 지게를 지고 뒷산에 올라 불상 하나를 지고 내려왔다. 그리하여 자기 집 가운뎃방 한 칸을 법당으로 삼아 불상을 탁자 위에 모시고 공양을 시작하였다는 것이다. 그 당시만 하여도 남산에는 전래하는 오랜 절은 한 곳도 찾아볼 수가 없었다. 그러던 중 하루는 4, 5명의 일본인이 이 초가집을 찾아 들어왔다. 갑자기 외국인이 몰려 들어오기에 오 부인은 집 뒤로 숨어 그들의 동정을 살필 뿐이었다. 일본인들은 지참한 도시락을 들면서 물을 달라고 하였다. 식사를 끝내고 법당을 기웃거리기도 하였다. 법당이라 하여도 무슨 튼튼한 열쇠가 달려 있는 것도 아니고, 동네 부인의 말에 따르면 문고리에 숟가락을 꽂았을 뿐이라고 하였다. 이때에 일본인들이 남긴 일본 말로서 '아노네(アノネ)'라는 단어가 있는데, 이것은 일본인들이 그들의 대화에서 말머리에 자주 쓰는 말이며, 특별한 뜻은 없다.

일본인은 그날 이곳에서 물러갔다. 그러나 오 씨 부인은 그날 동네의 신도들을 위하여 유과를 만들려고 밤늦도록 잠자리에 들지 못하였다가 잠깐 잠을 이루고 새벽 공양을 위하여 법당에 드니 탁자 위에 모셔 놓은 불상이 간 곳이 없었다 한다. 김 씨·오 씨 부부는 크게 놀라서 그 행방을 찾고자 하였으나 허사였다. 뒤에 들리는 말에 의하면 서울로 갔다 하고, 또는 일본으로 건너갔다고 하였다. 오 부인은 그 뒤 늙어서 세상을 떠날 때까지 비통한 한탄 속에 병으로 몹시 고생하다가 마침내 6·25 뒤 그곳에서 세상을 떠났다고 한다. 이때 마지막 간호를 맡았던 안보살(安菩薩)은 오늘도 살아 있어, 오 부인의 비참한 최후를 들려주기도 하였다.

그날 밤 자취를 감춘 불상이 과연 반가상인지 여부는 단언하기가 어려우나 구전된 불상의 크기나 가부좌한 사실, 희게 칠한 사실과 얼굴에

눈썹과 수염을 검게 그리고 입술을 붉게 칠한 사실(이왕가박물관에 입수될 당시의 모습인데, 더운 물로 모두 세척하였더니 금색이 나왔다고 기록되어 있다.) 등에서 미루어보아 바로 그 불상으로 짐작하여도 좋을 것 같다. 그리하여 일제 초 일본인 학자와 국립경주박물관장, 서울 이왕가박물관장 그리고 경주 남산 서북 동리에 거주하는 주민들의 증언을 모두 종합하여서 금동 반가상이 바로 남산 선방골, 곧 오늘의 '주지실' 자리에서 구한말에 잠시 봉안되었던 사실을 짐작하여 볼 만하다. 오늘도 주지실은 그 자리에 그 뒤 새로 세운 기와집이 남아 있는데, 그 빈 방에는 작은 보살 좌상 한 분이 조용히 봉안되어 있는 것도 서로의 인연에서 온 것인가.

위에서, 경주에서 발견될 당시의 이야기를 길게 쓴 것은 이 세계적 작품에 대한 오늘의 지식이 그뿐이기 때문인데, 다시 본론으로 들어가자.

먼저 경주 남산 절터에서 출토하였다는 이 금동 반가사유상은 경주에서 전래한 반가사유상으로서는 위의 신선사 상을 따르고 있는 사실을 먼저 들어야 할 것이다. 보관 양식에서 둥글고 작은 얼굴, 나체인 상반신, 길고 가는 체구 등에서 이 경주 남산 금동 반가상은 서로 시간적 선후, 마애상과 금속상이란 큰 차이점에도 불구하고 같은 지역적 양식에서 고찰할 수가 있을 것이다.

경도 광륭사 목조 반가사유상

신라 유일의 목각품으로서 오늘 일본 경도에서 전세되어 오는 광륭사(廣隆寺)의 목조 미륵반가사유상은 위의 금동 반가사유상과 먼저 비교될 수 있는 작품이다.

이 일본의 신라 목상은 『일본서기』 같은 문헌에 의하여 대략 서기 623년경 신라에서 조성되어서 일본에 전한 것으로 추정되고 있다. 이 목조 반가상은 해방 뒤 일본 학자와 우리 학자들의 연구에서, 신라에서 고신

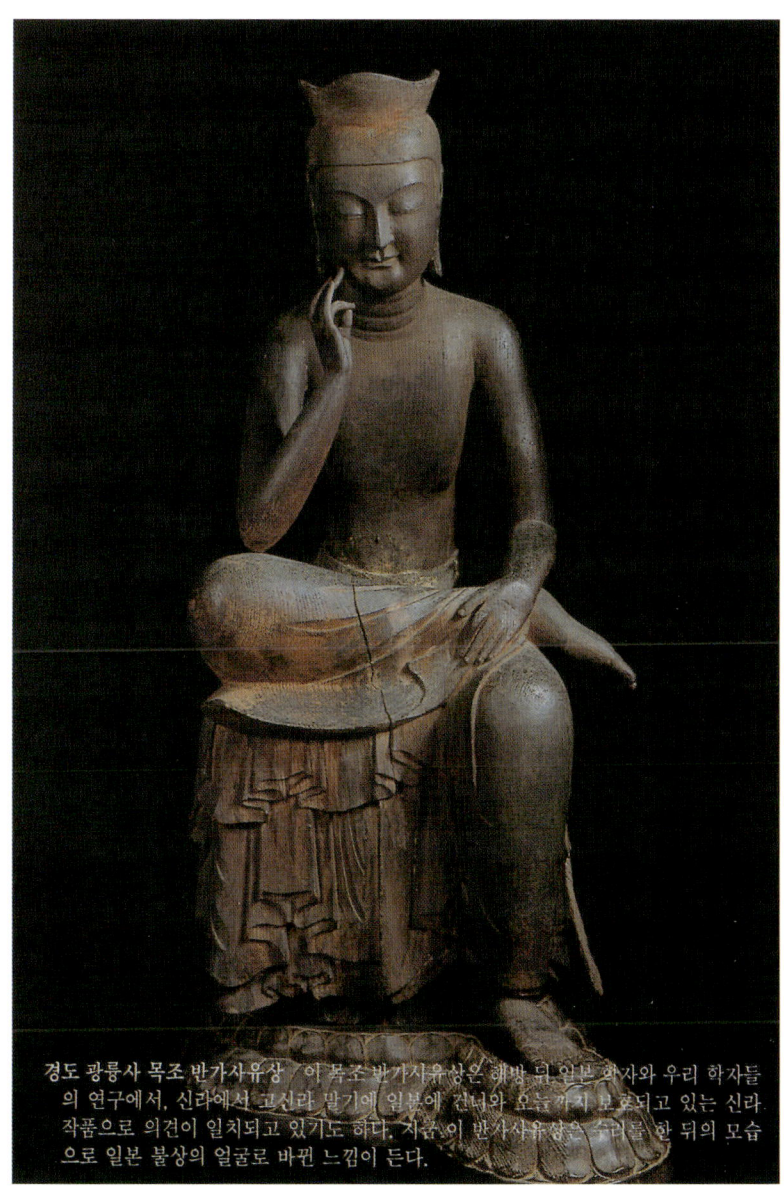

경도 광륭사 목조 반가사유상 / 이 목조 반가사유상은 해방 뒤 일본 학자와 우리 학자들의 연구에서, 신라에서 고신라 말기에 일본에 건너와 오늘까지 보존되고 있는 신라 작품으로 의견이 일치되고 있기도 하다. 지금 이 반가사유상은 수리를 한 뒤의 모습으로 일본 불상의 얼굴로 바뀐 느낌이 든다.

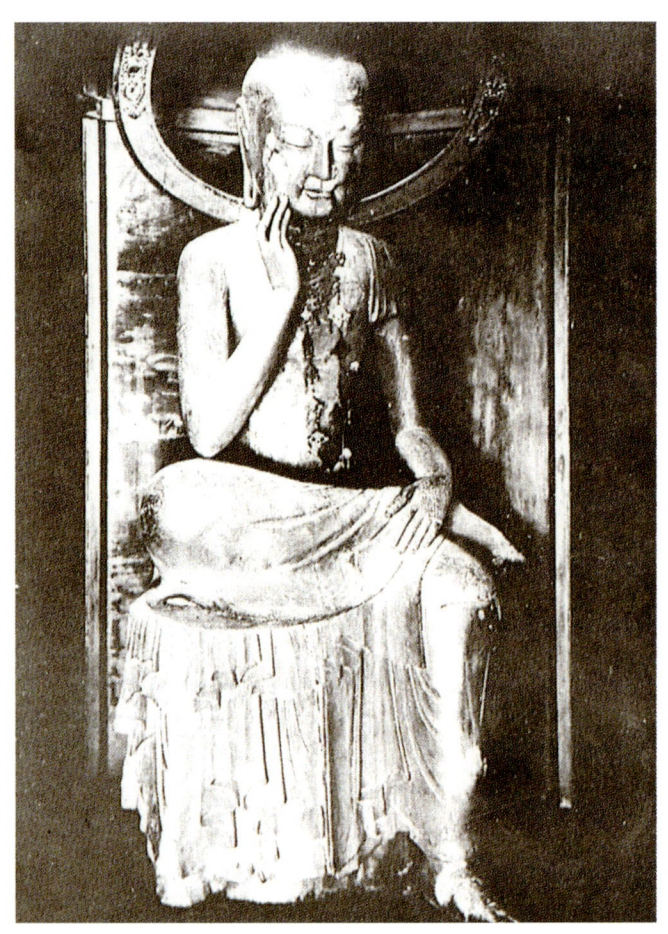

수리하기 전의 광륭사 목조 반가사유상　이 사진은 19세기 말엽에 보수를 하기 전 모습으로 광배와 병풍처럼 펼쳐 있는 배경 장식, 그리고 따로 만들어 목에 건 영락 장엄은 눈여겨볼 필요가 있다.

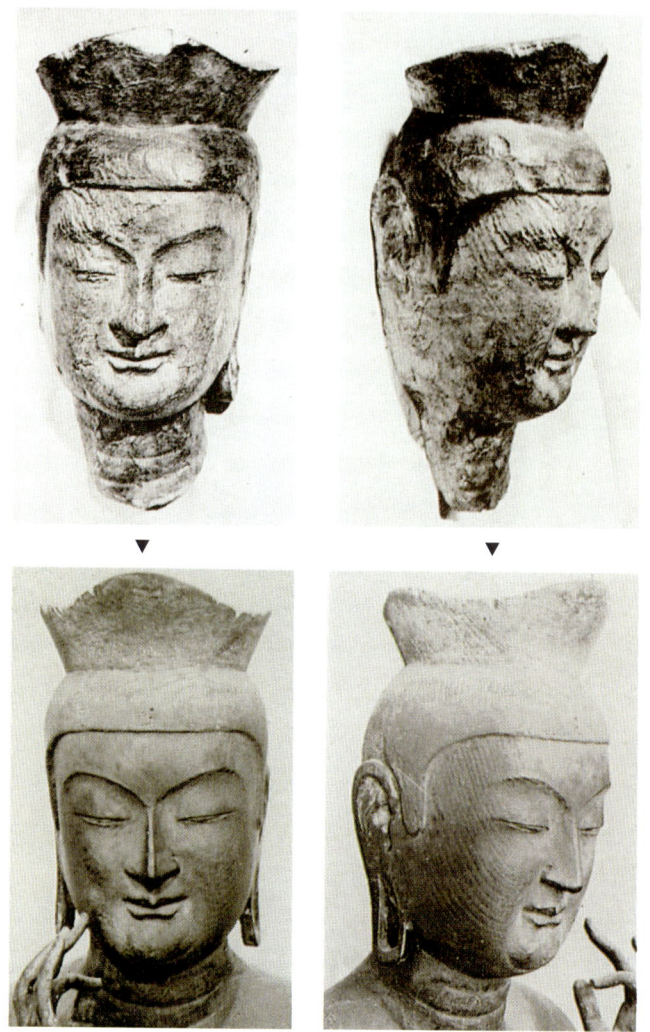

수리하기 전의 얼굴 모습 우리나라에 있는 금동 반가사유상(국보 제83호)의 얼굴과 닮아 있다. (맨 위 왼쪽, 오른쪽)

수리 뒤의 얼굴 모습 표면 처리가 말끔해졌으나 얼굴 모습은 수리 전의 인상과 달라져 일본 불상의 얼굴 모습(상호(相好))으로 바뀐 느낌이 든다. (위 왼쪽, 오른쪽)

라 말기에 일본에 건너와 오늘까지 보호되고 있는 신라 작품으로 의견이 일치되고 있기도 하다.

단석산의 마애상과 남산 출토의 금동상 그리고 일본에서 전래하는 목상을 연대순으로 본다면 단석산 마애상을 첫째, 일본의 목상을 둘째로, 끝으로는 남산 출토의 금동 반가상을 들어야 할 것이다.

위의 세 상은 첫째, 서로 재료의 차별이 있으나 모두 거의 완형으로 오늘에 전래하고 있다고 할 수가 있다. 둘째, 조상의 시간적 순이를 논의할 수 있다. 다행하게도 이들 세 상은 모두 경주와 그 인근에서 조성된 사실을 추정할 수가 있을 것이며 또 작품이 모두 소상이 아니라 마애상은 높이 110센티미터, 금동상은 93.5센티미터, 끝으로 일본 경도 광륭사에 전하는 신라 목조 반가상은 높이 123센티미터로서 법당에 봉안될 만한 크기로 완형임은 오늘의 반가상 연구를 위하여 얼마나 다행이며 고마운 일인지 모르겠다.

이같이 신라의 작품과 비교해 보면 백제의 서산 마애상이 높이 109센티미터로서 신라 단석산 상과 큰 차이가 없기는 하나 기타 부여 출토의 석상은 모두 소상뿐이며, 고구려의 금동상 또한 높이가 17.5센티미터인 소상이다.

삼국 반가사유상에 대한 연구가 초기 단계에 있으므로 현 단계에서 조급한 논의를 진행할 수는 없다고 하더라도 현재 우리에게 주어진 자료에서 보아 신라에는 다른 두 나라에 비하여 반가사유상 자료가 훨씬 풍부한 사실을 먼저 말할 수는 있을 것이다.

경주 금산재 석조 반가사유상

이상의 세 상말고도 경주에서 초기(1909년)에 발견된 또 하나의 중요

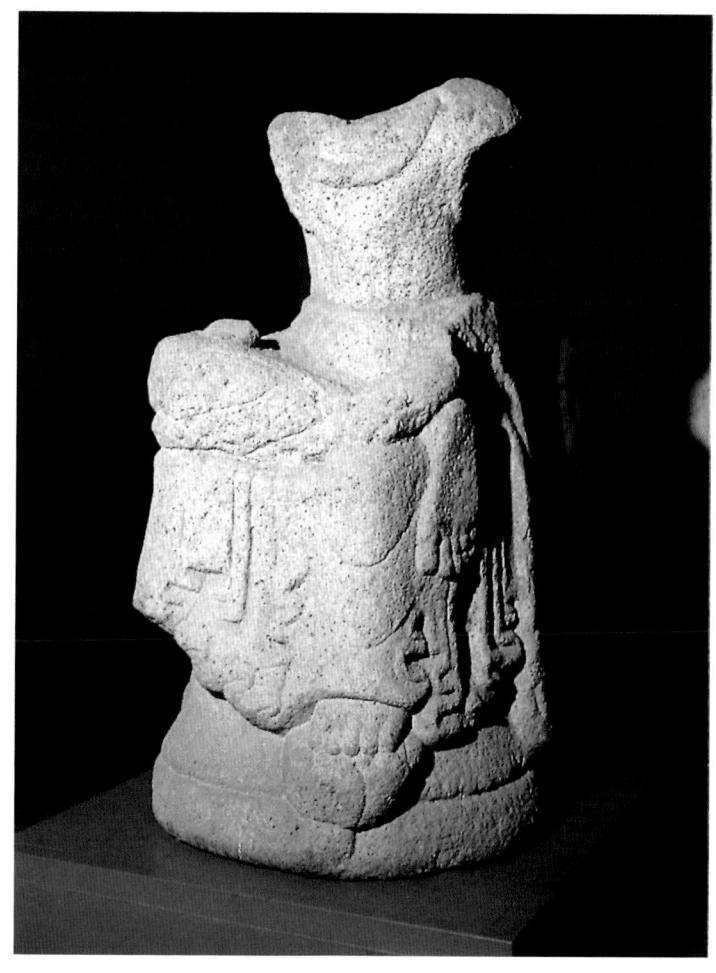

경주 송화산 석조 반가사유상　머리와 두 팔이 잘려 나가고 화강암의 석질도 연하여 구멍이 많고 마멸이 심한 편이다. 그러나 경북 봉화군 북지리에서 출토된 반가상보다는 조금 작지만 같은 석조 원각상으로 대형의 석조 반가사유상임에 주목된다. 특히 출토지가 용화 향도를 이끌었던 김유신 장군의 연고지에서 출토된 점은 이 상이 미륵 신앙과 관련이 있음을 짐작하게 하는 데 중요한 실마리를 제공하고 있다고 하겠다. 높이 1.25미터, 국립경주박물관 소장.

한 석상이 있으나 파손된 것은 매우 애석한 일이다. 경주 김유신 묘 바로 동쪽 오늘의 금산재(金山齋)에서 일본 학자가 처음 주목한 것인데, 머리와 두 팔을 잃고 오늘 국립경주박물관에 진열되어 있다.

이 상은 경주 유일의 석상인데 현재의 높이가 125센티미터이다. 오른손은 절단되었고, 왼손 또한 손상되어서 무릎 위에 손가락을 남기고 있을 뿐이다. 하체의 앞뒤에는 두껍게 옷주름을 새겼고, 좌우에는 허리에서 내려오는 띠가 새겨져 있으며, 둥근 연꽃 대좌를 새겨서 대좌로 삼았다.

이 불상의 연대는 정확히 추정할 수는 없으나 대략 7세기 상반기의 작품으로 보인다. 동시에 이 석상은 김유신 일가의 원찰인 송화방(松花房)에서 오랜 세월 전래하였던 것으로 짐작된다. 김유신 묘가 바로 가까운 곳에 있고, 그가 미륵불 신도였던 사실에서 이곳 파불(破佛)과 어떤 관계가 맺어졌던 것이 아닐까. 이 석상에 대한 우리의 주목이 계속되어야겠다.

경주 출토 기타 금동 반가사유 소상

끝으로 경주 출토의 금동 반가사유 소상으로서는 일제 때 경주시 성건동 옛 절터에서 출토된 유품 1구가 국립경주박물관에 진열되어 있다. 보관과 상반신 나체의 양식과 의습 등이 남산 출토 국보 금동상과 비교할 만하다. 높이는 14.1센티미터이다.

또 하나의 금동상 자료는 일제 때 경주 황룡사터에서 수습되었다고 전하는 금동 보살상의 머리 1개가 국립경주박물관에 진열되고 있다. 높이 7.5센티미터의 소품인데, 이것을 반가사유상의 머리로 추정하려는 까닭은 턱에 남은 작은 혹 같은 돌기(突起)가 있어 이것이 얼굴에 대었던 손가락의 흔적으로 볼 수 있기 때문이다. 낮은 삼면 화관이나 가늘게 뜬 두 눈 그리고 소아의 앳된 용모 등에서 고신라의 반가사유상으로 추정하려는 바 도금이 잘 남아 있는 것은 다행한 일이다.

경주 이외 지역의 반가사유상

신라의 수도인 경주 이외의 지역에서 전래한 반가사유상을 따로 모은 것은 고찰의 편의를 따른 것이다. 그러나 경주 이외의 지역이라 하더라도 다시 세분하여 보면

1. 경북 북부 지역: 안동을 중심으로 영주, 김천, 봉화 등지
2. 경남: 경주의 서쪽 양산, 밀양 등 낙동강 유역
3. 충북: 고신라의 북경인 조령이나 죽령을 넘어선 청주와 충주 등지
4. 강원도: 남한강을 따라 영월, 정선 등 지구

등으로 이상 네 지역을 놓고 거기서 발견된 삼국시대의 반가사유상을 살펴보자.

경북 북부 지역
전 영주(榮州) 청동 반가사유상

서울 호림박물관 소장인 해방 뒤에 발견된 연화관(蓮花冠) 동제상을 주목해야 되겠다. 이 상은 1970년경 경북 영주군 안에서 출토되었다고 전할 뿐인데, 이 상이 보이는 보관과 천의에서 신라 영내에서 발견된 금동 미륵 반가상으로서는 연대가 가장 오랜 것으로 추정된다. 도금을 잃고 현재 검은색을 보이고 있다. 높이는 10.7센티미터이다. 이 밖에 영주 출토가 확실한 것으로는 소수 서원에서 발견된 소상(小像)이 있으나 파손되어 있다(국립중앙박물관 소장).

전 안동 출토 금동 반가사유상(국보 제78호)

경주 남산 출토 금동상(국보 제83호)과 비교되는 또 하나의 국보상인 금동상은 경상도 안동에서 1912년에 발견된 것으로 일본인들은 말하고

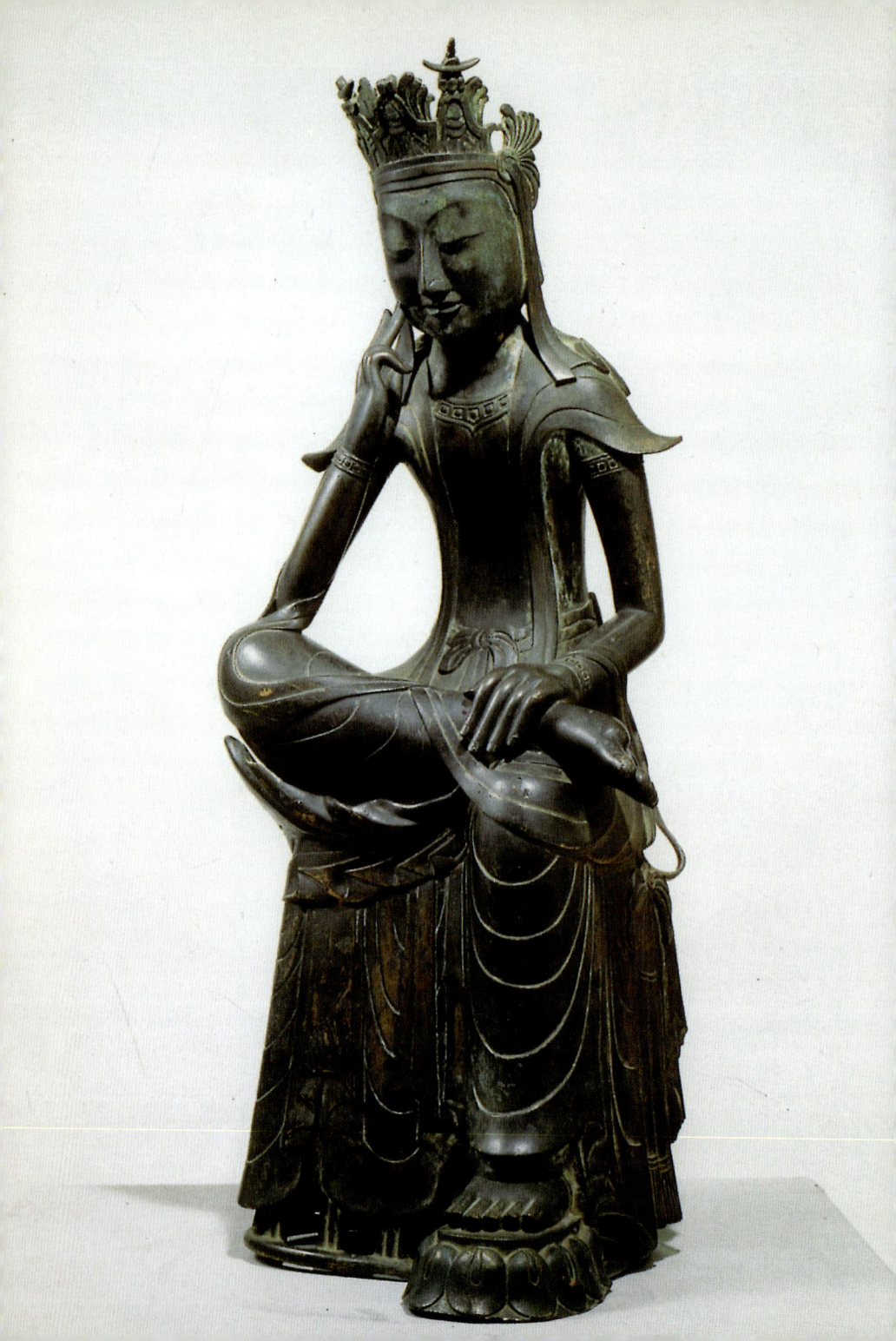

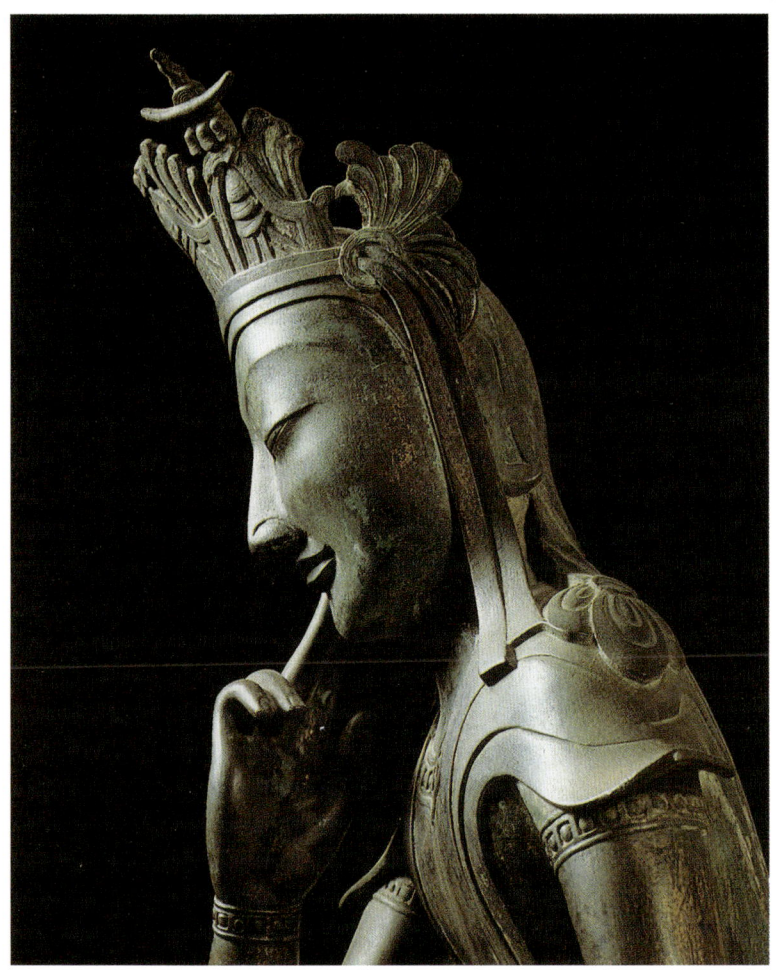

전 안동 출토 금동 반가사유상　국보 제83호인 금동 반가사유상과 더불어 우리나라 금동 불상의 쌍벽을 이루고 있는 명품이다. 우리나라 미술사를 개척한 미술사가인 고유섭 선생은 이 두 상을 두고 "…이 금동 반가상이 조선 삼국시대의 예술을 가장 웅변으로 중외에 선양하고 있는 사실을 적기하였다. 후일에 조선의 부르크할트가 나오고 빙켈만이 나와 조선 미술사를 쓴다면 반드시 이 반가상에서 시대적 모뉴멘트 (Monument)를 발견할 줄 믿는다."고 말하였다. 국보 제78호, 높이 83.2센티미터, 국립중앙박물관 소장. (옆면, 위)

있으나 아직까지 그 장소를 밝힐 수가 없다. 그러나 경주의 북쪽인 안동 또는 영주에서 발견된 사실만은 믿어 볼 만하다.

그 까닭은 이 금동상이 경주 남산의 상과 양식적으로 다르고 그보다도 연대가 더 올라가는 것으로 짐작되므로 위에서 말한 바와 같이 신라 불교의 초기 보급 지역인 경북 북부 지역(안동, 영주, 봉화)을 배경으로 전래한 것으로 본다.

이 불상은 높은 관(冠)을 쓰고 있는데 삼면에 화려한 조각이 마련되어 있다. 근엄한 얼굴은 거의 사각형을 이루고, 몸에 천의가 있는 점은 위에서 말한 경주 남산 금동상의 간소함과 다르다.

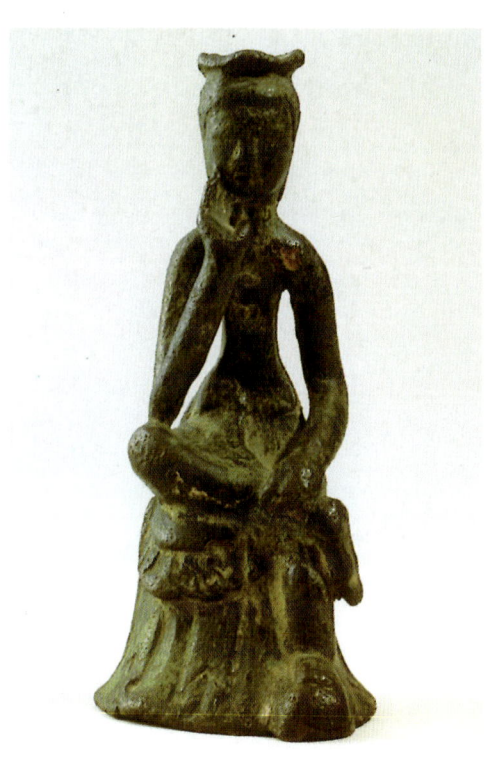

경주 성건동 출토 금동 반가사유상 비록 크기는 작지만 삼산관(三山冠)을 쓰고, 상체가 알몸이며 아이 얼굴 모습 등 국보 제83호와 친연성이 엿보인다. 높이 14.1센티미터, 국립경주박물관 소장.

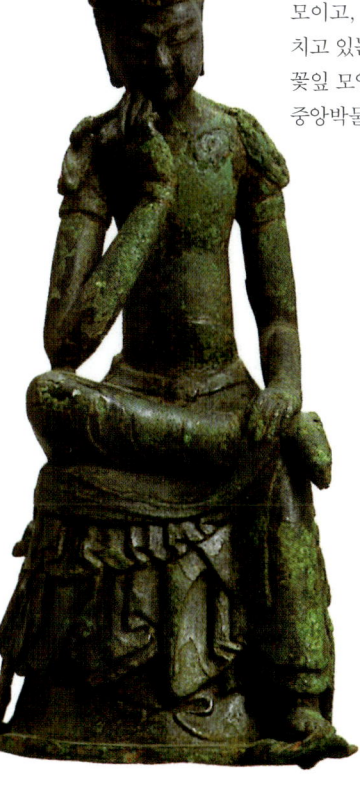

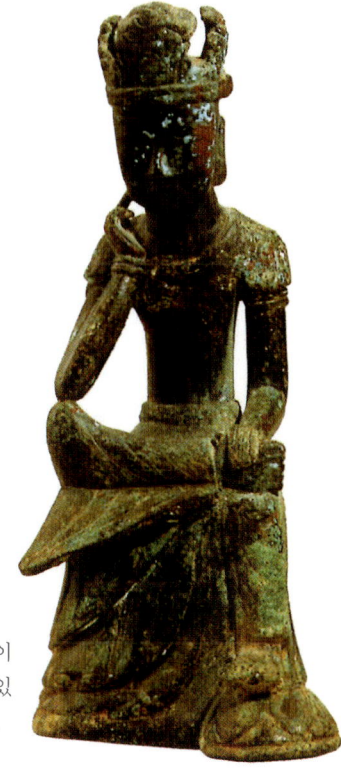

양산군 물금면 출토 청동 반가사유상 상 전면에 파 아란 녹이 슬었으나 크기도 한 자에 가까운 당당한 규모이고, 또 세부 표현도 정교한 작품이다. 왼발을 받치고 있는 족좌(足座)가 일반적인 연화좌가 아니고 연꽃잎 모양인 점이 특이하다. 높이 27.5센티미터, 국립중앙박물관 소장.

경북 금릉 출토 금동 반가사유상 얼굴 표정이 없고 여러 세부 표현이 도식화를 나타내고 있다. 높이 23.5센티미터, 국립경주박물관 소장.

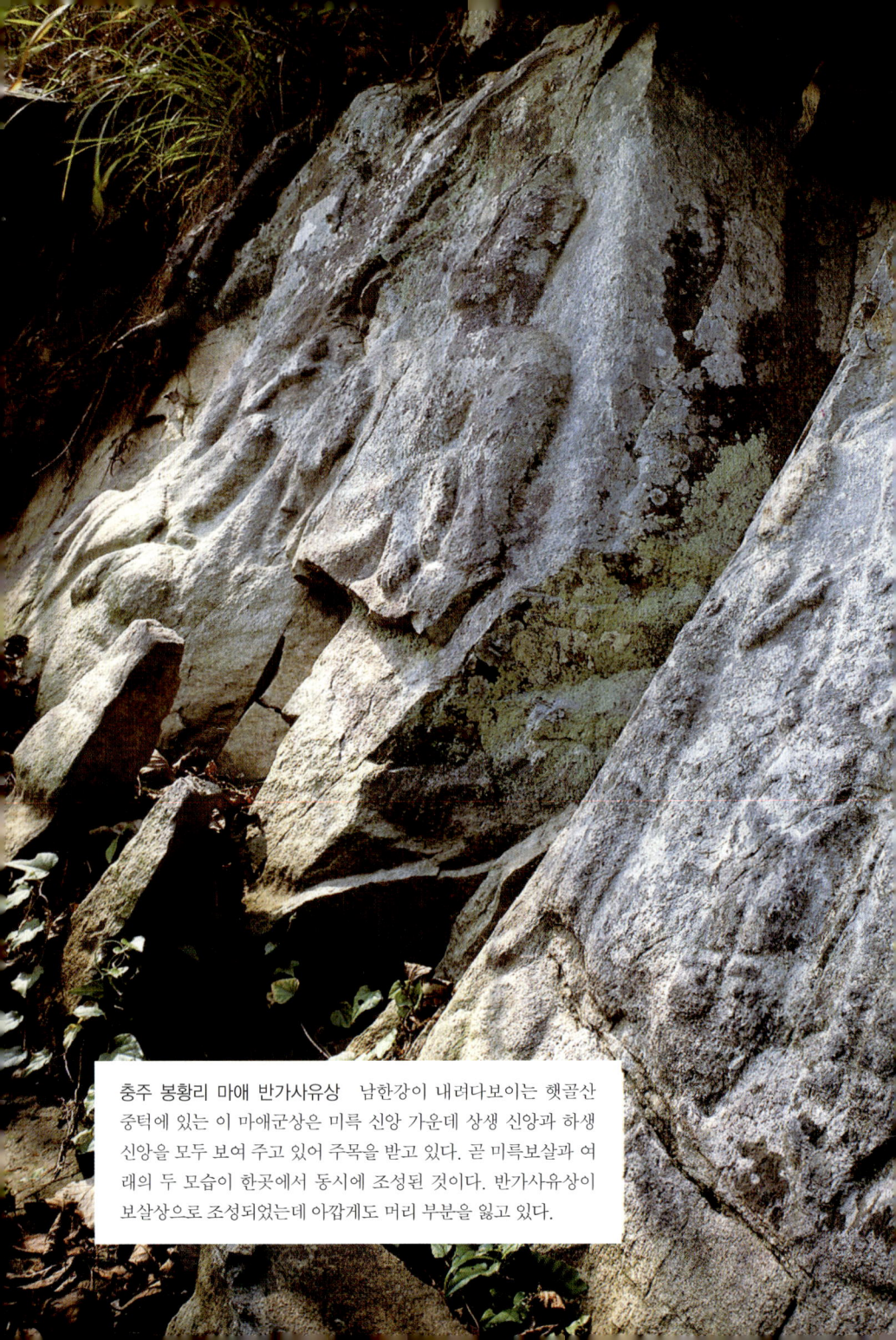

충주 봉황리 마애 반가사유상　남한강이 내려다보이는 햇골산 중턱에 있는 이 마애군상은 미륵 신앙 가운데 상생 신앙과 하생 신앙을 모두 보여 주고 있어 주목을 받고 있다. 곧 미륵보살과 여래의 두 모습이 한곳에서 동시에 조성된 것이다. 반가사유상이 보살상으로 조성되었는데 아깝게도 머리 부분을 잃고 있다.

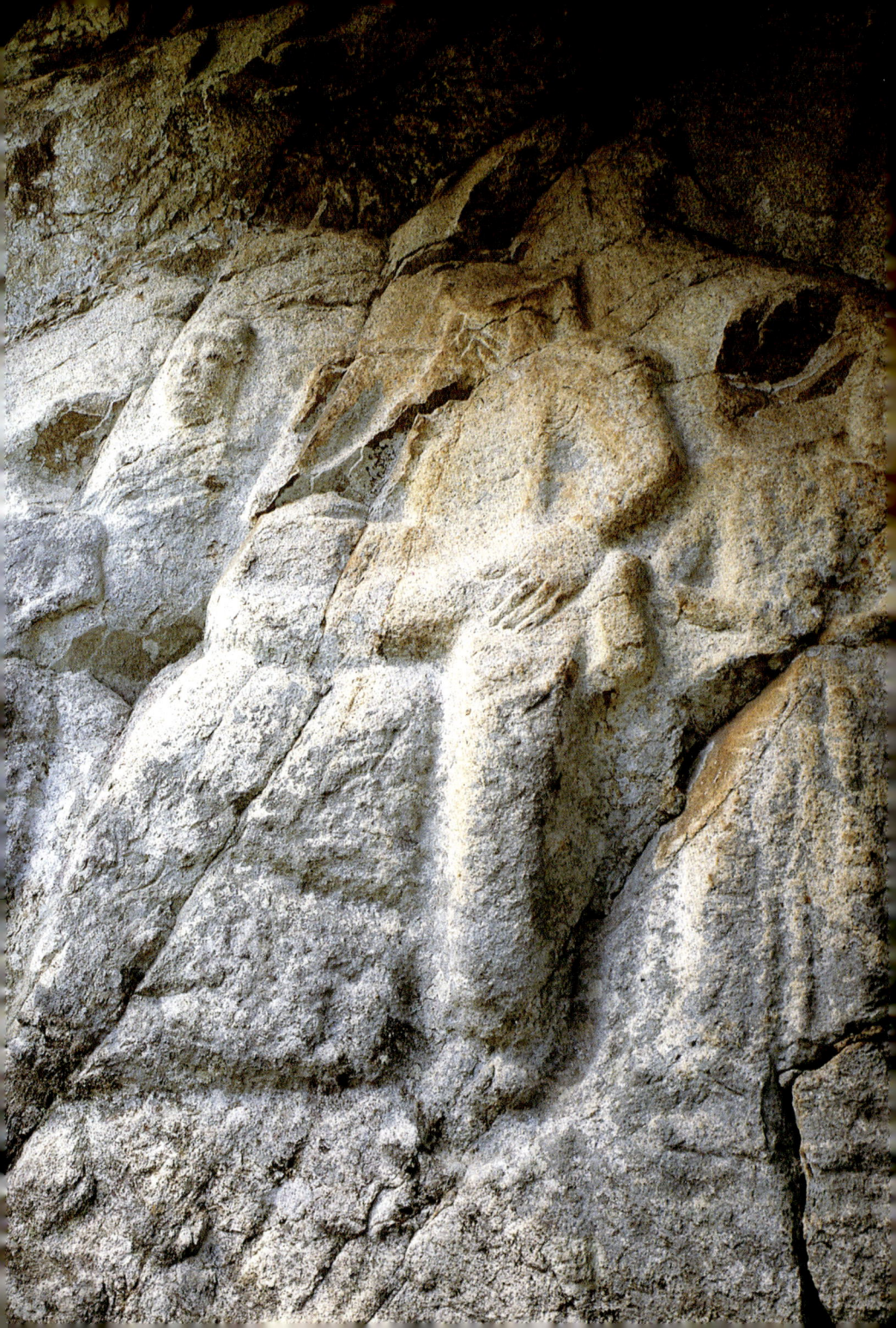

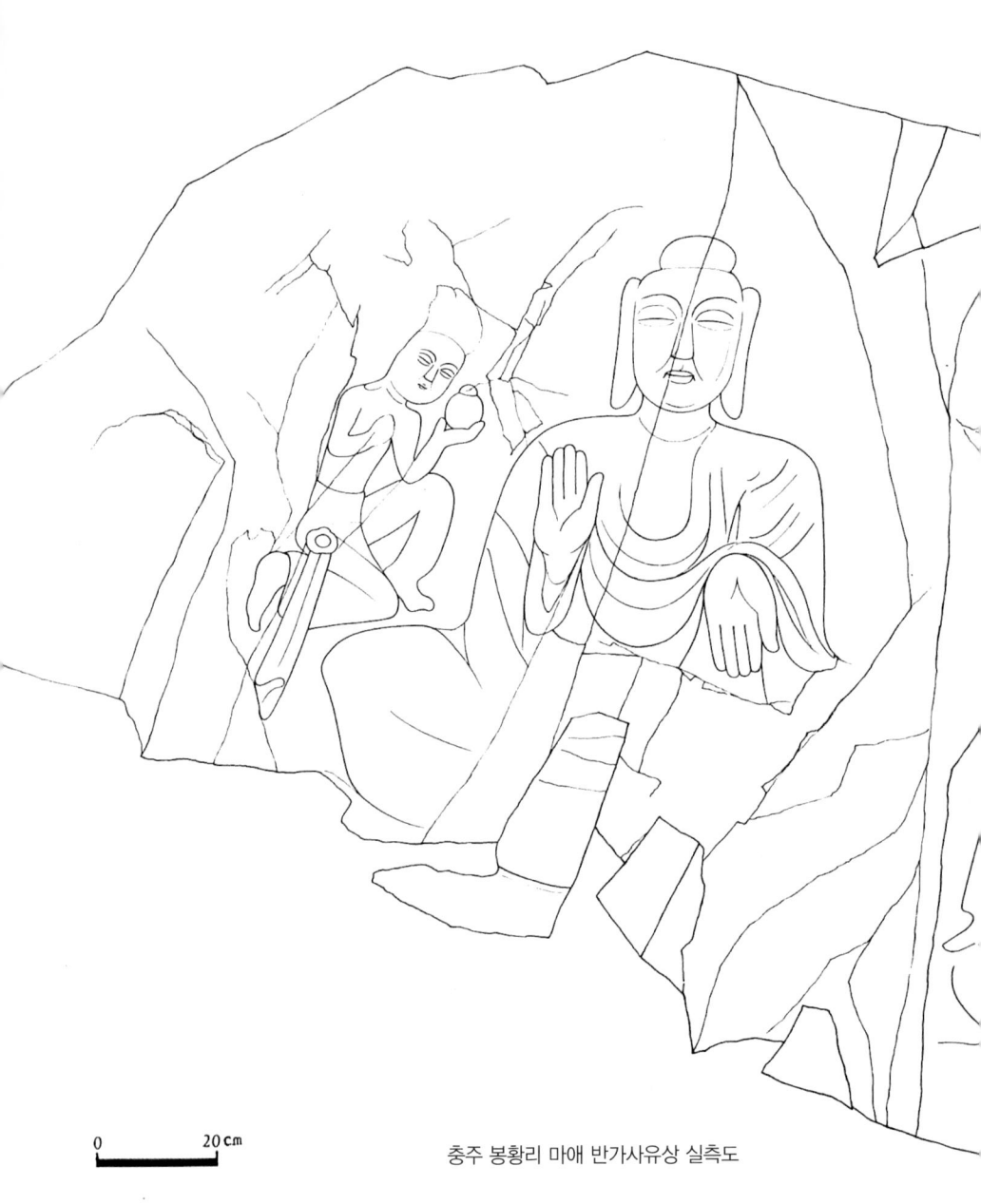

0   20 cm

충주 봉황리 마애 반가사유상 실측도

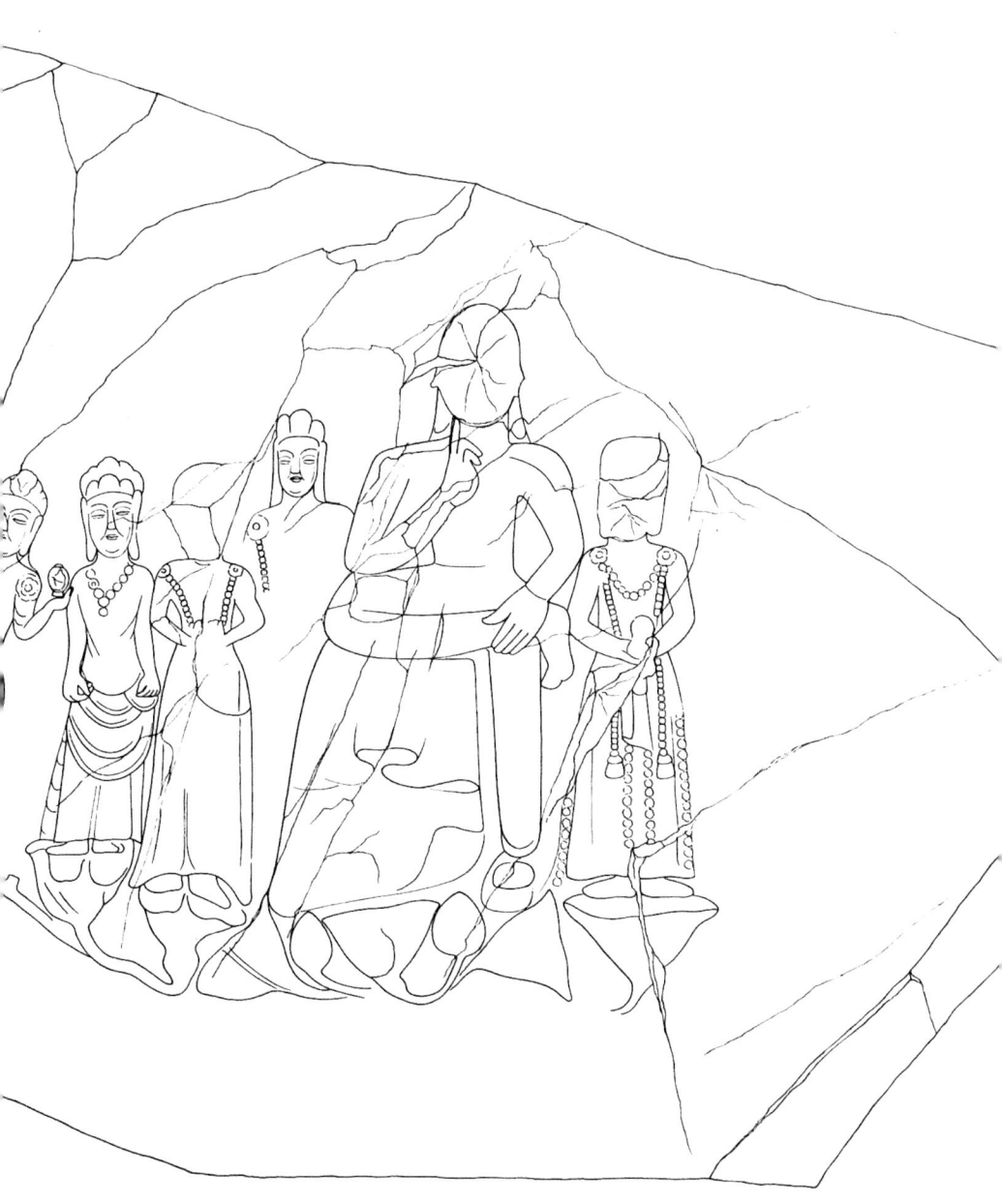

충청북도
충주 봉황리 마애 반가사유상

남한강이 가까이 내려다보이는 이곳 햇골산 중턱에 미륵보살의 군상(群像)이 처음 발견된 것은 약 10년 전의 일로서 고구려 비석의 발견과 거의 때를 같이하고 있다.

반가사유상은 그 둘레에 여러 보살 입상을 거느리고 조각되었다. 이 상은 중앙에 있어 크게 조각되었으나 일찍이 얼굴과 머리 부분을 잘라 간 일은 고대 예술품에 대한 야만 행위라고 하겠다. 그러나 원형은 반가 사유 양식의 기본을 갖추고 정면하였으며, 권속으로 보이는 보살 입상이 둘러 있어 드물게 보는 소중한 작품이다. 또 이곳 서쪽에 나란히 여래 좌상이 천인상과 같이 크게 새겨진 것은 미륵여래와 보살의 신앙을 표현한 것으로 해석된다. 6세기의 작품으로 추정되나 그 귀속 왕조의 추정은 더욱 신중한 연구를 해야 할 것이다. 높이는 123센티미터이다.

전 청주 발견 석조 반가사유상

상반신을 잃었으나 청주에서 출토된 것으로 전하며, 현재 단국대학교박물관에 보관되어 있다. 높이는 10센티미터에 불과하나 하체의 옷주름이 남아 있어 참고 자료로서 소중하다.

강원도
영월 발견 금동 반가사유상

해방 뒤 발견된 소상으로서 개인이 소장하고 있다. 강원도 영월은 남한강 상류이며 일찍이 북쪽 고구려와의 교통로에 해당하고 있어 이 같은 소상의 발견은 주목할 만하다. 서울 김원전 씨 소장품이다.

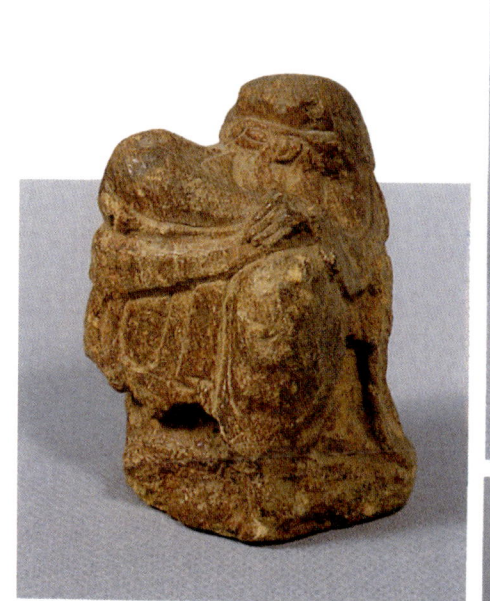

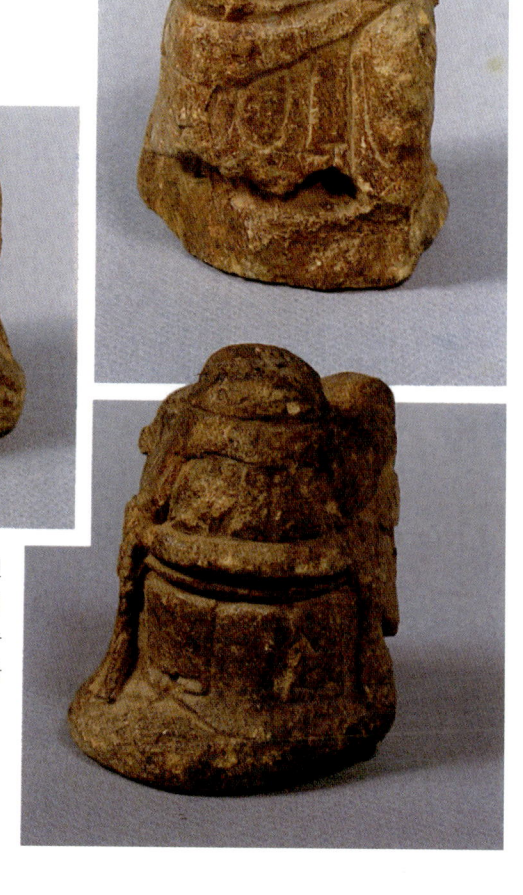

전 청주 발견 석조 반가사유상　하반신
만 남아 있는 현재의 높이는 10센티미터
에 불과하지만 반가상의 양식을 살필 수
있어 참고 자료로서 소중하다. 단국대학
교박물관 소장.

정선 가리왕산 출토 석조 반가사유 소상

높이 약 7센티미터의 소상으로 활석(滑石)으로 만들어졌으나 뒷면이 미완성으로 남아 있다. 그러나 반가사유의 양식을 보이고 있어 6세기경의 작품으로 추정된다. 출토지가 정선 가리왕산의 높은 정상 가까이라고 전하는데, 그곳에서는 이 석상말고도 금동 불상이 다수 출토되었다고 전하고 있어 주목된다. 남북 교통로에 가까이 있어 불교 문물 교류 사실을 짐작케 하고 있는데, 현재 개인 소장이다.

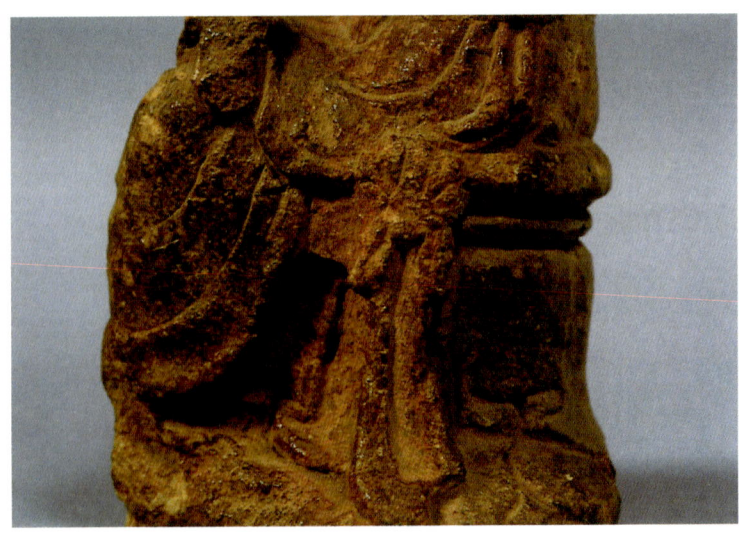

전 청주 발견 석조 반가사유상(부분)   조그만 크기지만 옷주름이나 좌대의 형태 그리고 옆으로 흘러내리고 있는 비대(紕帶) 등 반가사유상 양식 연구에 큰 도움을 준다.

통일신라 초기의 반가사유상

반가상은 삼국을 중심으로 유행하였으나 통일신라시대에 들어와서도 그 초기에는 계속 유행한 것으로 생각된다.

백제는 나라가 멸망한 뒤 충청남도 연기군을 중심으로 한때 반가상이 돌로써 만들어져서 그 유품이 발견되었다. 그 가운데 대표적인 것으로는 첫째 충남 연기군 비암사의 석조 반가상이며, 다른 하나는 연기군 서면 연화사의 석상인데 이들은 이미 앞에서 백제 반가상을 말할 때 설명하였다. 이와 같은 작품들은 통일신라시대에 들어와서도 백제의 옛 땅에서 그 유민에 의하여 계속 작품이 만들어진 사실을 오늘에 전하고 있다.

신라에 있어서는 통일의 대업이 이루어진 뒤에도 미륵 신앙이 계속 유행하여 삼국시대와 마찬가지로 반가상이 조성된 것으로 보인다.

봉화 북지리 석조 반가사유상

먼저 신라의 북경(北境)이었던 조령(鳥嶺)과 죽령(竹嶺)을 중심으로 북쪽과 남쪽을 주목해야겠다. 남으로는 경상북도 영주군, 문경군, 봉화군

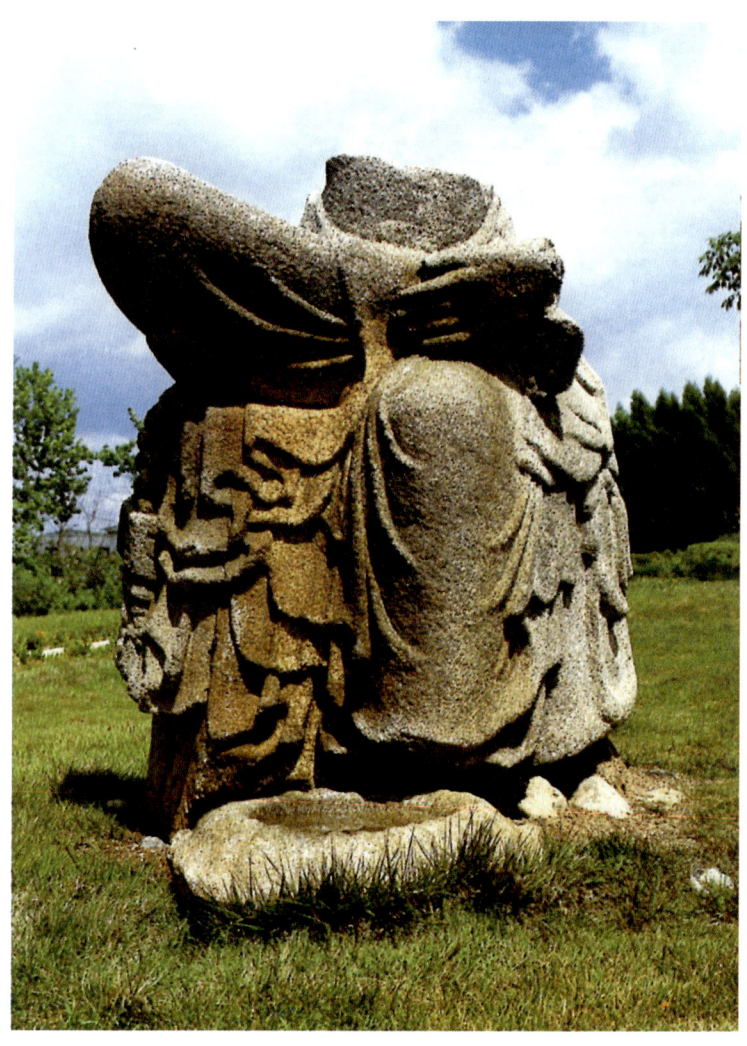

봉화 북지리 출토 석조 반가사유상 비록 허리가 잘려 하반신만 남아 있어 안타깝지만 현재의 크기로 미루어볼 때 원래는 250센티미터가 넘는 대단히 큰 반가사유상이었으리라 추정된다. 현존하는 반가상 가운데 불교문화권에서는 가장 크다고 하겠다. 신체의 비례나 조형성도 매우 뛰어난 작품으로, 조성 연대는 아마도 통일이 완성된 7세기 후반으로 추정된다. 현재 높이 1.5미터, 경북대학교박물관 소장.

등 일찍부터 불교문화가 들어와 발달된 지역을 가리킨다. 동시에 이 지역은 고구려가 남하(南下)하여 점령했던 곳이기도 하다. 이같이 먼저 개발된 지역에서 불교는 문화와 신앙의 자리를 잡으려 하였을 것이다. 영주의 신라 초기 마애 불상이나 봉화의 거대한 마애 석상이 오늘에 전래하고 있다.

그 가운데서 가장 주목되는 것은 봉화 북지리(北枝里)의 거대한 반가사유상인데 아깝게도 상반신을 잃었다. 조사한 바에 의하면 이 반가상은 본래 법당 안에 봉안되어 있었는데 후세 사람들이 그 자리가 명당(明堂)이라고 욕심을 내어 불상을 밖으로 굴러 떨어뜨리고 그 자리에 묘(墓)를 설치하였다. 이때 신라의 반가상은 여지없이 파괴되어서 오랫동안 그 하반신만이 엎어져 있었다. 동네 사람들은 그 뒷모습만을 보고 돌거북이라고도 불러 왔다. 1965년 이 돌을 들어 바로 세워본즉 반가상의 하반신임이 밝혀졌는데, 허리 이하의 높이가 1미터 50센티미터가 넘었으니 잃어버린 상반신을 1미터로 가정한다면 합계 2미터 50센티미터가 넘는 거상이 될 것이다. 동양의 불교국에서 이같이 큰 반가 석상은 아직 발견되지 않은 듯하다.

이 반가상은 허리가 매우 가늘다. 오른손은 파괴되었고, 왼손은 다섯 손가락과 함께 무릎 위에 남아 있다. 둥근 대좌 위에 앉아서 밑으로 두꺼운 의문을 새겼으며, 좌우 측면에는 각기 영락을 달았는데 조각 수법이 웅장하고 신부(身部)의 조법이 또한 매우 세련되어서 그 연대는 아마도 통일이 완성된 7세기 후반으로 추정된다. 상반신은 일제 때 사방 공사로 파괴되었다 하니 참으로 애석하다. 이같이 동양에서 가장 큰 반가상이 이곳 태백산(太白山)을 바라보는 평지에서 이웃한 마애 좌상(아미타불로 보임.)과 더불어 배치된 것은 그 당시 신앙의 내실을 나타낸 것으로 생각된다.

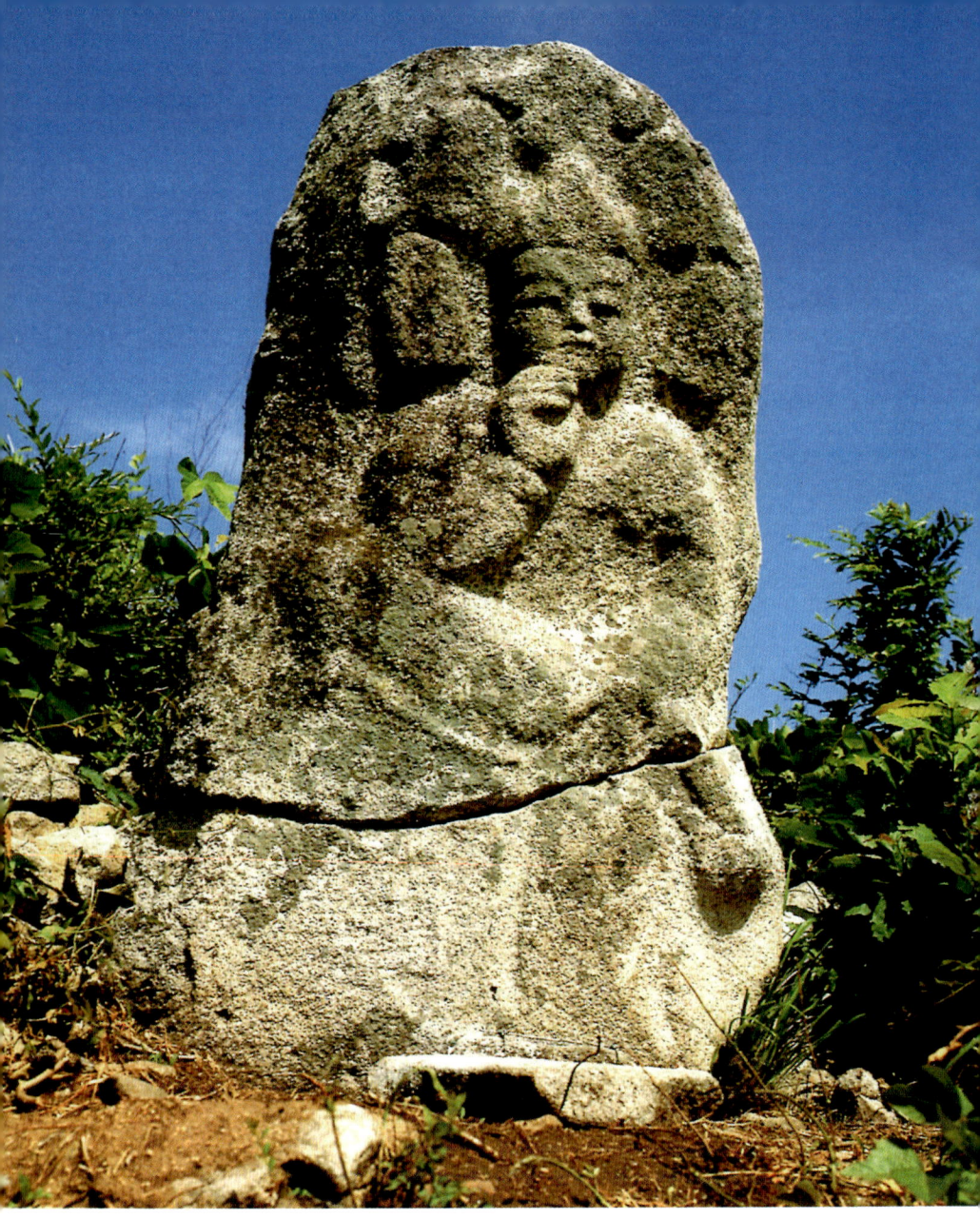

문경 관음리 석조 반가사유상   삼국 통일의 중요한 교통로에 자리잡은 절터에서 발견되었다. 원각상이 아니나 편평한 바위에 높은 돋을새김으로 반가사유상을 조각하였는데 마멸이 심해 세부 양식을 뚜렷하게 살필 수 없어 아쉽지만 조성 연대는 7세기 후반으로 추정되는 작품으로 주목된다.

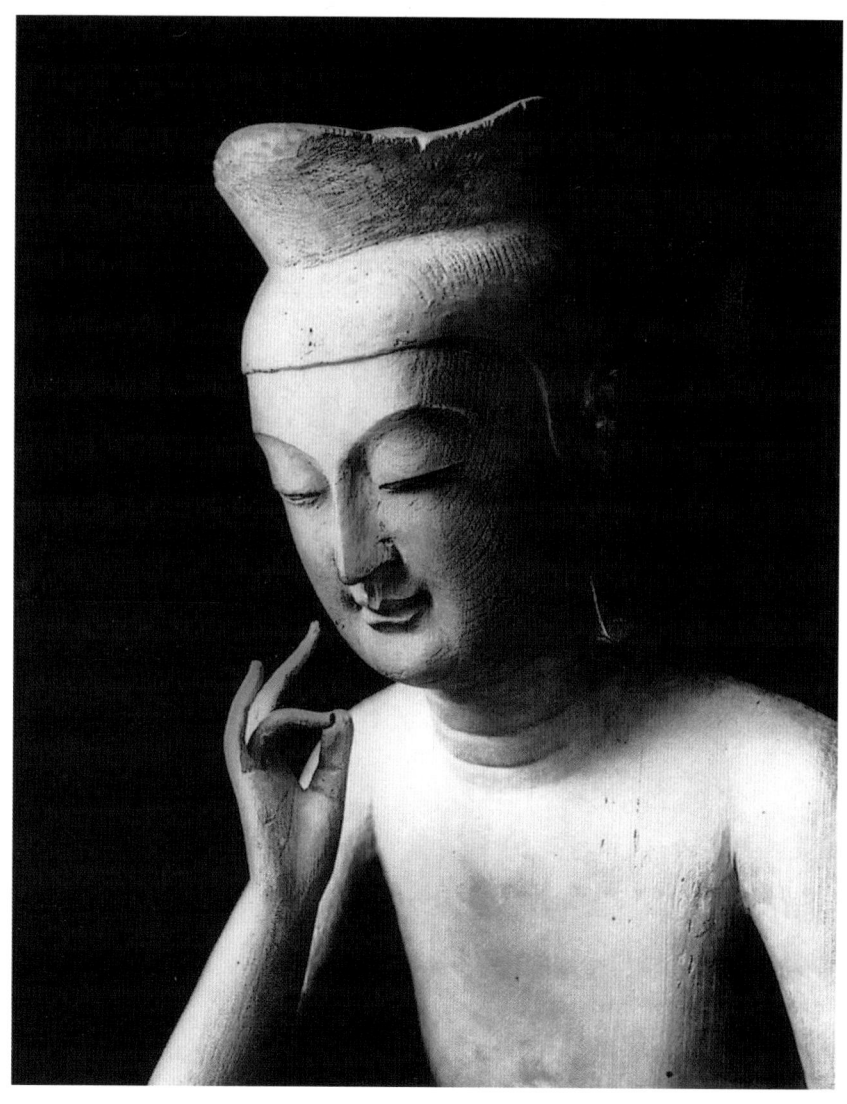

국보 제83호 금동 반가사유상과 광륭사 목조 반가사유상　목조상이 크기도 조금 크고
조성 연도도 조금은 앞설 것으로 추정되지만 그 세부 양식에 있어서는 두 상이 놀랄
만큼 일치하는 점이 많아 감탄을 자아내고 있다. (옆면, 위)

둘째는 제작 기법의 문제다. 간단하게 설명한다면 일본의 초기 반가상은 나무의 외피(外皮)로부터 내부를 향하여 조각하는데, 이 반가상은 그와 반대로 나무의 목심(木心)에서 조각을 시작하고 있는 사실이 일본의 방법과 아주 다르다.

셋째로는 이 광륭사 불상은 한 토막 나무에서 그 전체를 조각해 낼 수 있었는데, 그 당시 일본에서는 이만한 불상을 만들면 몸의 각 부분을 여러 개의 나무로 따로따로 만들어 조립하는 방식을 따르고 있으므로 서로 다르다. 불상 조형의 발달에서 본다면 한 나무로 조각하는 것이 훨씬 발달된 솜씨임은 다시 말할 것도 없을 것이다.

끝으로 『일본서기』나 광륭사의 관계 기록에서 보아 623년 신라에서 다른 불구(佛具)들과 같이 일본에 보낸 불상이 바로 오늘의 이 반가상으로 보아도 잘못이 없을 것 같다. 하물며 광륭사의 창건주가 하다 가와가즈(泰河勝)라는 신라계의 호족으로, 그 당시 일본의 쇼오도쿠(聖德) 태자와 특히 가까웠던 관계 등을 아울러 고려해 볼 만하다고 하겠다.

이 반가상에 대해서는 그동안 나라 안팎의 미술사가들에 의해 높은 찬사를 받아 왔다. 또한 그것은 일본의 국보일 뿐 아니라 세계의 걸작이라고 하니 참으로 『삼국유사』에 보이는 바와 같이 "신라의 기교는 사람이 아니라 하늘의 조화"라고 한 옛말이 아마도 당시 신라의 높은 발달상을 웅변한다고 하겠다. 그러나 오늘날 이 불상의 본국인 신라 땅에 목상이 단 1점도 전하지 못하는 것은 매우 안타까운 일이다.

이 불상이 경주에서 전래한 한국의 국보상인 금동 미륵반가사유상(국보 제83호)과 양식이나 또 연대에서 서로 꼭 닮고 있는 사실은 일찍부터 많은 학자에 의하여 지적되어 온 사실이다. 더욱이 일제 말기에는 한일 두 나라가 고대(古代)에 있어서의 문화적 유대가 긴밀하였다는 것을 말하기 위하여, 이들 한국의 금동상과 일본의 목상(木像) 사진을 나란히

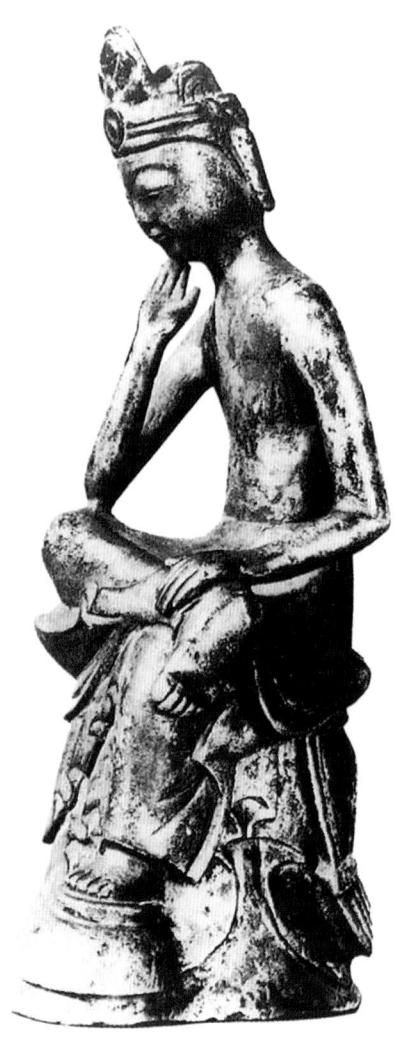

파리 기메박물관 소장 금동 반가사유상 동양의 미술품 소장으로 유명한 파리의 기메
박물관에 소장되어 있는 이 반가사유상은 그곳 설명에 따르면 6, 7세기 백제 작이라
한다. 높이 15센티미터.

놓고 선전하려 한 일이 있었다. 오늘에 와서 생각하면 일찍이 같은 나라 같은 장소에서 거의 때를 같이하여 조상된 것이니 비록 재료의 차별은 있다 하더라도 서로 쌍둥이같이 닮을 수밖에 없는 일이다. 천 수백 년이 지난 오늘 그늘이 모두 전래하여서 옛 사실을 실물로서 밝혀 주니 참으로 예술품의 존귀함을 새삼 깨닫겠다.

우리나라의 조각 공인들이 일본에 건너가서 일본 땅에서 만든 반가상도 적지 않게 일본에 전래하고 있어 일본 초기 3대 불상 양식 가운데 하나인 반가사유상 또한 우리나라의 공인에 의하여 그 양식과 기술이 일본에 건너간 것으로 볼 수밖에 없는 일이다.

끝으로 해외에 있는 금동 반가사유상으로서는 프랑스 파리 기메박물관(Musée Guimet)에 소장되어 있는 것이 주목할 만하다. 아마도 금세 초에 유출된 것으로 보이는데, 삼면 보관을 썼고 상반신은 나체인데 어린 용모와 균형된 자세 그리고 둥근 대좌를 돌아서 새겨진 옷주름의 솜씨 등으로 보아 매우 우수한 작품이다. 높이는 약 15센티미터로서 그곳 해설에는 '6, 7세기의 백제 작'으로 기록되어 있다.

미륵불상과 신라의 화랑

반가사유형의 미륵보살상이 삼국을 통하여 고루 유행한 사실은 오늘 그 고토(故土)에서 발견된 유품을 통하여 짐작할 수가 있다. 그러나 삼국이 모두 똑같은 발달상을 이루었다고 보아서는 안 될 것이다. 말할 것도 없이 각국이 각기 신앙의 내실에 따라서 같은 미륵상을 조영하고 신앙하였다 하더라도 그 믿음의 깊이에는 차별이 있었을 것이며, 반가상 신앙 그 자체도 각국이 똑같지는 않았다고 보인다. 바꾸어 말하면 삼국이 같은 반가 양식의 상을 예배하였다 하더라도 그들의 발원이나 신앙 내용에는 나라에 따라 차별이 있었을 것이다.

신라에 있어서는 미륵 신앙이 크게 유행하여서 마침내는 삼국 통일의 큰 국가적 과업과 결부된 것으로 보인다. 더욱이 통일 과업이 이루어지는 과정에서 신라의 국민들은 미륵불에 대한 남다른 신앙을 지녔다고 추정된다.

위에서 설명한 바 있는 김유신 장군 소년 시절의 미륵불에 대한 두터운 믿음 같은 것이 또한 통일을 앞둔 신라의 젊은 지도층 사이에 널리 퍼졌던 믿음의 모습이 아니었나 추정된다.

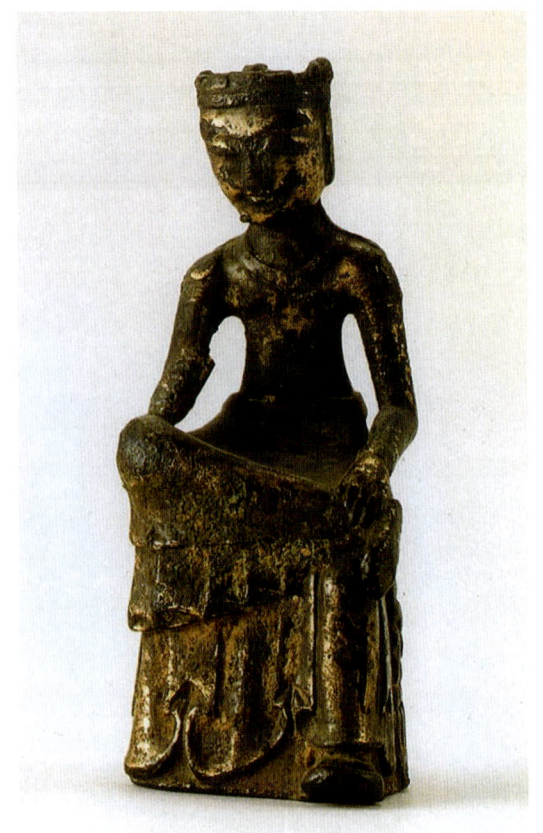

금동 반가사유상 오른쪽 팔목이 떨어져 나갔다. 전체적인 형식은 역시 신라 불 양식을 따르고 있으나 도식화가 많이 진행되었다. 신라 7세기, 높이 9.2센티미터, 국립경주박물관 소장.

신라의 화랑들이 통일 전쟁에 나아가 용감히 싸우고 큰 공을 세운 그 배후에는 미륵 신앙에서 우러나는 사생관(死生觀)이 밀접하게 뒷받침하였던 것이나 아닐까. 화랑들이 죽음을 두려워하지 않고 전투의 제일선에서 용전한 뒤에는 그들의 미륵 신앙이 공고하였던 사실이 있음을 알아야겠다. 그러므로 그들 신라 화랑의 무덤 앞에는 돌로 미륵상을 만들

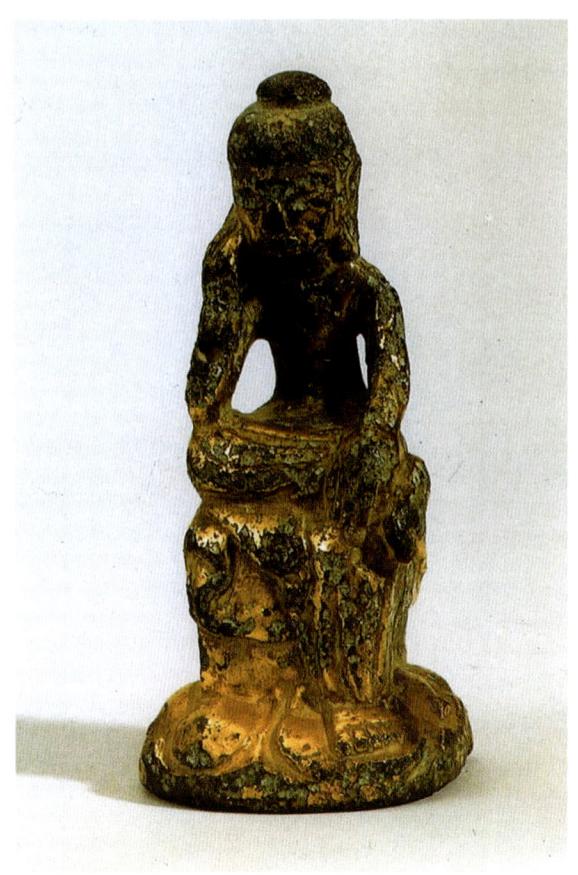

금동 반가사유상　도금 상태는 비교적 좋은 편이나 크기도 작고 또 부식이 심해 세부 표현이 뚜렷하지 않다. 홑잎의 커다란 연꽃잎이 새겨진 둥근 연화좌가 돋보이며, 족좌가 따로 마련되지 않고 커다란 연꽃잎 위에 발을 딛고 있다. 7세기. 높이 8.3센티미터. 국립중앙박물관 소장.

어 세우면서 그들의 환생을 바랐던 것이 아닐까. 경주 남산 삼화령에서 전하는 삼국 말기의 고분군과 그들을 향하여 봉안된 미륵삼존 석상은 서로의 깊은 관계를 오늘에 전하여 준 것으로 보인다. 또 『삼국사기』에는 죽령에서 죽은 거사(居士) 무덤 앞에 돌미륵을 두었더니 뒤에 신라의 유명한 화랑인 죽지랑(竹旨郎)으로 환생하였다는 이야기도 전한다.

금동 반가사유상 상반신에 비해 하반신이 조금 긴 듯한 비례를 보여 준다. 조각 기법은 거칠고 세부 표현을 생략하고 있으나 전체적인 솜씨는 고졸한 느낌을 주고 있다. 상의 크기에 비해 왼발을 받들고 있는 연화좌가 유난히 크다. 신라 7세기, 높이 15.4센티미터, 국립중앙박물관 소장.

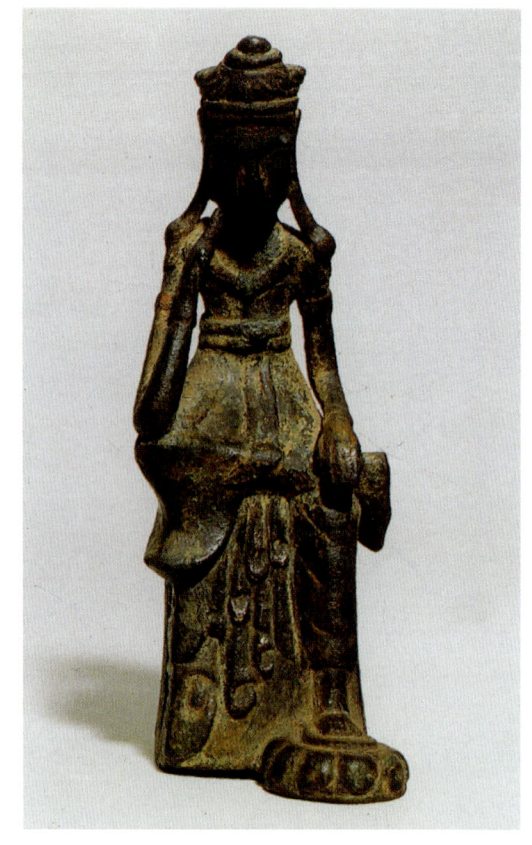

반가사유 양식의 미륵보살상은 아마도 신라 화랑들이 가장 소중하게 모시고 예불을 드렸던 그들의 호신불이라고 생각할 수도 있지 않을까. 더 나아가 말하자면 반가상은 그들 통일 전선에 나아가 죽음을 두려워하지 않고 분전하던 화랑의 믿음과 예불의 초점이었던 것이나 아닐까. 그렇기에 옛사람들은 이 미륵보살 반가상을 조성하기 위하여 온갖 정성과 기술 연마를 그 한곳에 모았던 것이 틀림없다.

우리가 오늘 삼국 제일의 불상으로, 세계의 걸작품으로 칭찬을 받는 국보인 금동 반가상 2구가 신라 영토 안에서 오늘에 전래하였다는 사실은 결코 우연하게 이루어진 일은 아니라고 보아야 하겠다. 신라시대 그 당시는 다시 말할 것도 없거니와 그 시대가 지나 고려나 조선시대 각각 500년이란 긴 세월을 지나면서 금세기 초까지 이 두 불상이 경상도 고신라 판도에서 전래하였다는 사실도 또한 결코 우연한 일이라고 해석되어서는 아니 될 것이다.

　오늘 우리는 이들 2구의 금동 반가상을 모두 국립중앙박물관 진열실에서 상대하고 있다. 그러나 오늘의 우리들은 이 불상의 양식이나 그 아름다움만을 중심으로 논의하며 감상하고 있는 것이다. 좀 더 연대를 올려서 그들이 오늘 그 이름을 알 수 없는 사람들에 의하여 큰 발원과 정성에 의하여 이루어졌다면 우리는 오늘 과연 이들을 대하면서 그 조형의 참된 발원이나 믿음의 진상을 생각하여 본 일이 있었을까. 예술품이 존귀한 까닭은 그 작품이 오늘도 살아서 그들이 만들어진 당시의 많은 이야깃거리를 우리에게 속삭인다고 하기 때문이다. 과연 오늘의 후손 된 우리들은 그들로부터 무슨 이야기를 들으며 어떠한 감동을 이어받고 있는지 한번 돌이켜 깊이 생각하여 볼 만하다. 프랑스 파리에서 외국 사람들은 이 작품의 미적(美的) 감상에만 그쳤을 것이나 그와 달리 그들을 낳았던 이 땅의 역사와 문화 속에서 살고 있는 오늘의 우리들은 그들 외국인과 또 다른 관점에서 작품을 대하는 보다 진지한 마음의 용의를 가져야 할 것이다.

맺음말

불교가 들어온 초기에는 미륵 신앙이 삼국에 널리 보급되었다. 이 같은 신앙은 문헌에서 알 수 있을 뿐만 아니라 그 당시 조성된 불상 연구에서도 짐작된다.

이때 미륵은 두 가지로 만들어졌는데 하나는 미륵불(佛)이고, 다른 하나는 미륵보살(菩薩)이었다. 미륵불은 먼 미래에 이 세상에 와서 중생을 제도한다고 믿었고, 그 사이는 하늘에서 수도하는 보살의 모습으로 생각하였다. 그리하여 불과 보살을 각기 다른 모습으로 조성하여 구별하였는데, 보살이 마침내 우리나라 삼국에 이르러서는 반가사유 양식상이 되어서 보급하기에 이르렀던 것이다. 그리하여 이 같은 보살상이 언제부터 어떤 곳에서 얼마만큼 만들어졌는지 조사해 보면 이 보살상에 대한 믿음과 그 보급 범위 그리고 나아가서는 인도나 중국의 같은 양식상과의 차별도 알 수 있으며, 또 국내에서 삼국의 차별상도 알 수가 있을 것이다. 동시에 삼국에서 유행한 이 미륵보살상이 당시의 다른 불·보살상(입상 또는 좌상)과도 곧 구별될 수가 있을 것이다.

예를 삼국시대의 미륵삼존에서 들어보자. 먼저 위에서 말한 경주 신선사 삼존은 모두가 입상으로 조각하였고, 그 밖에 따로 반가사유 양식

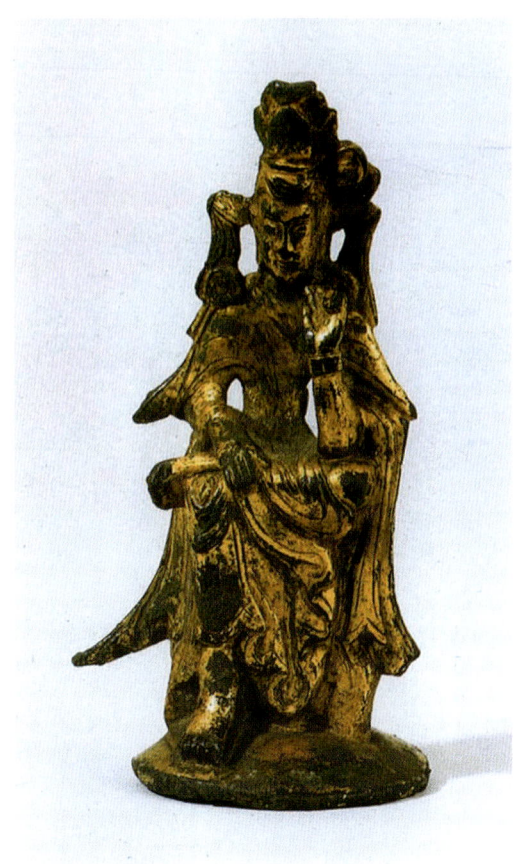

금동 반가사유상 주조 기법으로 보나 세부의 형식으로 보나 우리의 솜씨가 아닌 중국의 반가사유상이다. 특히 삼국시대 반가상의 특징으로 볼 수 있는 비대(紕帶)와 벽옥(璧玉)도 표현되지 않았다. 출토 미정, 높이 8.9센티미터, 국립중앙박물관 소장.

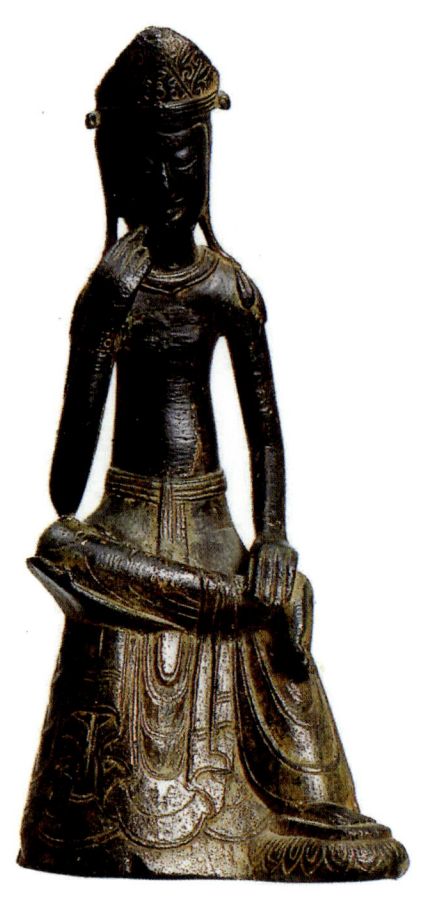

금동 반가사유상 얕은 새김으로 세부 묘사를 치밀하게 나타내고 있는데, 흥미로운 것은 입가에 새긴 콧수염을 표현하고 있는 점이다. 상의 전체 비례는 세장한 느낌이나 하반신 쪽이 밑으로 갈수록 벌어져 삼각 구도를 이루고 있어 안정된 느낌을 준다. 밑바닥 네 곳에 홈이 패여 있는데, 이는 상 전체를 받치는 대좌와 연결을 위한 장치라고 여겨진다. 백제 추정, 출토 미정, 높이 20.9센티미터, 국립중앙박물관 소장.

의 보살상도 함께 만들었다. 다음에 경주 남산 삼화령 미륵 삼존은, 중앙 본존은 좌상으로 그 좌우 보살은 모두 입상으로 만들고 있다. 이 삼화령 미륵보살 입상은 모두 높이 약 1미터인데, 어린이의 모습과 순진한 용모를 보이고 있어 동네 사람들이 예부터 "애기부처"라고 불러 왔다고 한다.

위의 두 예가 모두 입상 보살인데, 반가사유 양식의 보살은 의자에 앉아서 손가락 하나를 턱에 대면서 특이한 모습을 보인다. 이 같은 특이 양식이 우리나라 삼국에서 특히 주목을 받아서 한층 유행한 것으로 생각할 수가 있을 것이다.

삼국 말에 유행한 이 반가사유상은 신라의 승리로써 삼국시대가 끝나고 통일시대에 들어와서도 한때 유행하다가 차차 자취를 감추기에 이른다. 그리하여 8세기에 이르러서는 경주 감산사 미륵보살상 같은 높이 1.8미터의 석조 입상(현재 국립중앙박물관에 진열)이 만들어진다. 백제의 유민(遺民)들이 나라가 망한 뒤까지 그 옛 땅인 연기에서 반가사유상을 고집스럽게 만들던 사실도 주목한 바 있었다. 이와 같이 우리 반가사유상이 삼국시대 말에서 통일 초기 6세기에서 7세기에 걸쳐서 미륵보살상으로 신앙되고 조성된 사실은 틀림이 없다. 삼국 가운데 신라에서 더욱 깊은 믿음과 더욱 많은 작품이 조성된 사실도 밝혀졌다. 그 가운데서도 경주 남산에서 발견된 금동상 1구와 경상북도 안동, 영주 지역에서 나왔다고 전하는 또 하나의 금동상은 모두 오늘 우리의 국보상으로 신라 땅인 경상도에서 이들 2구의 국보상을 오늘에 남겼다고 말할 수 있다.

이같이 볼 때 어찌하여 신라에만 유독 더 많은 반가사유상이 조성되었느냐 하는 의문이 떠오른다. 이에 대해서는 그 시대 배경으로서 우리 역사 위에서 가장 중대하였고 긴장되었던 삼국 통일의 시대를 들고자 한다. 실제로 우리나라 반가사유상 유행 시기는 정확히 삼국시대 막바

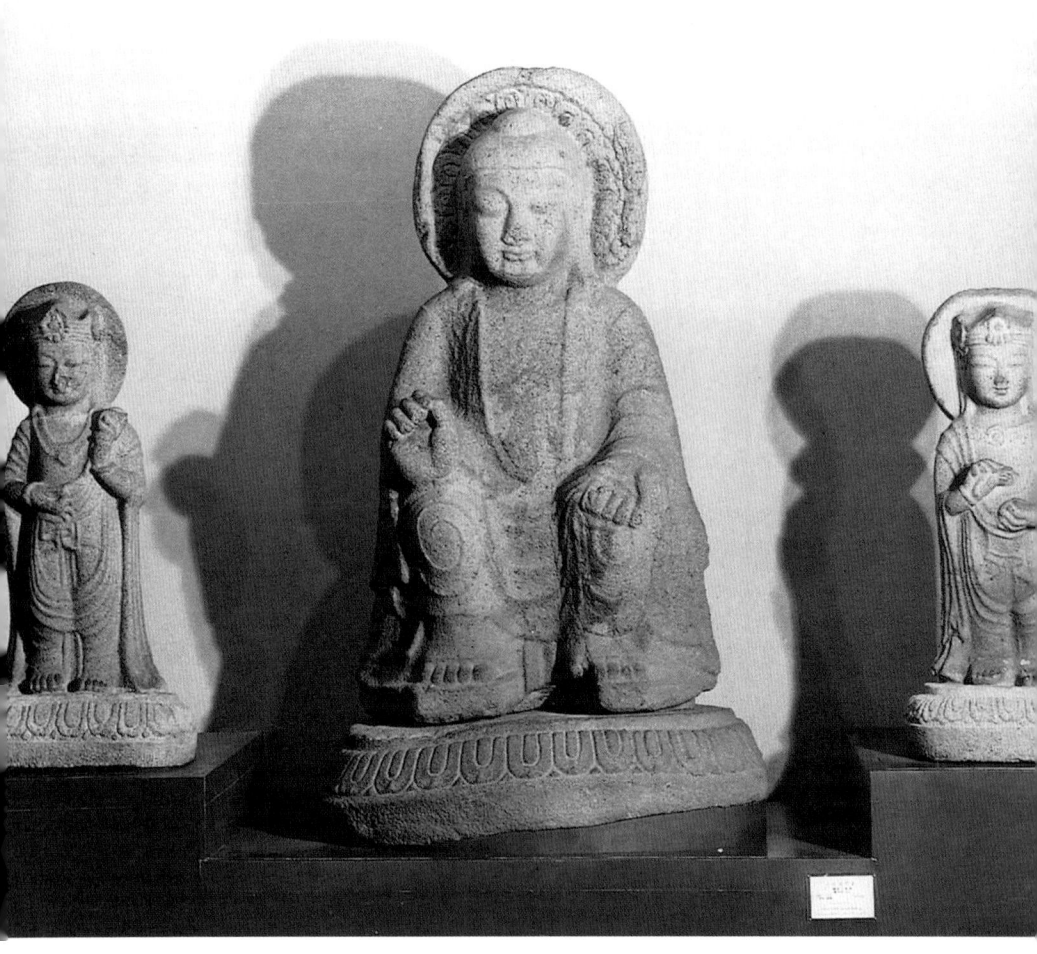

삼화령 석조 미륵삼존　본존과 두 협시보살을 각각 따로 조성한 이 불상은 『삼국유사』
의 기록에 보이는 충담사가 3월 3일과 9월 9일에 차공양을 올렸다는 설화가 얽힌 경주
남산 삼화령의 미륵삼존으로 추정된다. 국립경주박물관 소장.

지 통일 격동기에 해당하고 있기도 하다. 그리하여 최후의 승리를 얻어 빛나는 통일의 새 역사를 여는 신라국에 있어서 국민의 믿음 특히 통일 대업의 핵심이었던 신라의 지도 계층 그리고 신라의 젊은이, 그중에서도 화랑 집단의 믿음에서 우리는 미륵 신앙의 깊고 열렬하였던 모습을 볼 수 있고, 그 같은 믿음의 조상으로 미륵불과 미륵보살 같은 미륵상을 들어서 설명할 수 있다고 생각해 왔다. 그 가운데 특히 미륵보살 반가사유상을 그들은 예배와 공경의 대상으로 삼았고, 나아가 호국(護國) 호신(護身)의 불상으로 삼았던 것이다.

이와는 달리 하늘의 미륵보살이 어린아이의 모습으로 신라 국토에 태어나서 마침내 신라의 국선(國仙, 으뜸의 화랑)이 된다고 믿어 왔다. 곧 미륵 신앙의 상생(上生)과 하생(下生)의 두 가지 모습이다. 김유신 장군이 삼십삼 천(三十三天)의 아들로서 신라국에 태어나 국선이 되었다고 신라 국민들은 믿고 의심하지 않았다. 또 신라의 진자(眞慈) 스님이 경주 길거리에서 어린아이를 얻어 미륵의 화신임을 깨닫고 왕궁에 이르러 국선을 삼았다는 유명한 이야기도 『삼국유사』에 전하고 있다. 또 경주 김유신 장군 묘 바로 이곳에는 송화방(松花房)이란 김씨 일가의 작은 절터가 있어 그곳에서 일제 초에 발견된 머리 없는 미륵보살 반가사유 석상이 현재 국립경주박물관에 옮겨져 있는데, 이 석상은 그의 환생을 빌었던 기원을 오늘에 짐작하게 하고 있다.

아무리 생각해도 신라의 젊은 화랑들이 미륵 신앙과 깊은 관련을 지녔던 사실은 옛 문헌뿐 아니라 신라 땅에서 오늘에 전래하는 당시의 유적 그리고 유물 그 가운데서도 미륵불의 조상(造像)을 통하여 넉넉히 알 수가 있다.

그러므로 오늘 우리에게 전하는 국보 금동 미륵반가상이야말로, 또 일본에서 전하고 있는 일본의 국보인 신라의 목조 미륵보살 반가사유상 같은 세계의 걸작이야말로 신라 국민들이 그리고 젊은 화랑들이 열렬한 믿음으로 공경하였던 미륵보살상의 오늘의 변상(變相)이 아니었을까. 그들은 모두 임전무퇴(臨戰無退)하던 삼국 통일의 주역인 신라 화랑들이 예배하였던 수호불의 오늘의 모습이 아닌가.

필자는 오랫동안 이 반가상에 친숙하려고 애써 왔으며 힘을 다하여 그 자취를 찾고 그 조형의 내실을 알고자 해 왔다. 그리하여 세월이 지나면서 이 같은 생각으로 기울어가는 자신을 발견할 수가 있었다. 이 미륵보살 반가상이야말로 뛰어난 예술의 작품이면서 동시에 승화된 믿음의 조형이 아닐까. 위대한 시대에 살다간 무명의 조각가가 온갖 정성과 목숨을 다하여 마침내 만들어 낼 수 있었던 최고의 걸작품이 아닐까. 나라의 흥망(興亡)이란 으뜸의 문제를 풀어 최후의 승리로 이끌기 위하여 그들이 혼신의 힘과 목숨을 다하여 조성한 작품이라면 그곳에는 또한 시대의 위대한 정신과 신앙의 뚜렷한 자취가 담길 수 있는 것이 또한 틀림없다. 우리는 오늘의 그들을 보며 그들을 알 수 있는 자신의 심성과 예지와 노력을 지녀야 할 것이다. 필자는 삼국의 반가사유상, 그 가운데서도 두 분의 국보상 그리고 일본의 신라 목상을 대하면서 그들에게 조용히 원한 바가 있다면 그들을 만들고 그들에게 예배를 올렸던 무수한 신라 사람들의 이야기를 오늘에 전하여 달라는 일이며, 동시에 우리 자신이 그것을 받아들일 수 있는 마음과 진지한 용의를 갖게 해달라는 것이었다.

우리나라 고대 미술사에서 우리는 이 같은 세계의 걸작이며 믿음의 소산인 삼국시대의 미륵보살 반가사유상과 통일신라시대의 석굴암 불상 같은 위대한 작품을 오늘에 갖고 있는 사실을 고맙고 자랑스럽게 여기지 않을 수 없다. 다행히 우리 선인들의 아름다운 마음에서, 고마운 노력에서 오늘에 주어진 사실을 동시에 깨달을 수 있어야 하겠다. 앞으로 이들에 대한 국민의 주목과 한층의 연구가 길이 이어져서 그들의 참된 아름다움과 내실이 다시 우리에게 돌아와 우리 모두에게 소중히 간직되기를 간곡히 바랄 뿐이다.

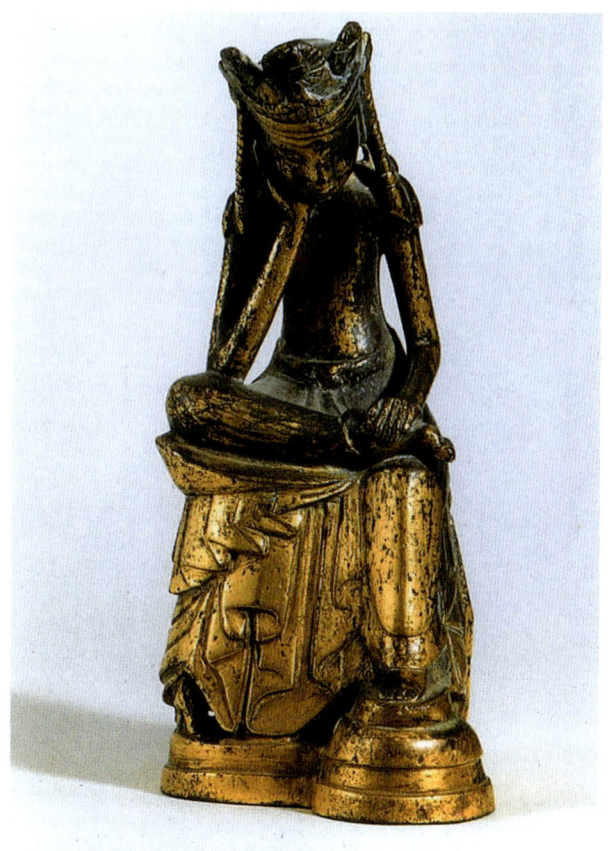

금동 반가사유상 고개를 깊이 숙이고 손바닥으로 턱을 괸 모습이 다른 반가사유상보다 매우 특색을 나타내고 있다. 마치 심한 고뇌에 빠진 듯한 느낌을 갖게 하는데, 이러한 자세는 우리들 자신의 실제 모습과 가장 가까운 것이 아닌가 싶다. 높이 17.1센티미터, 국립중앙박물관 소장.

우리나라 반가사유상 목록

분류	명칭	연대	연대	크기	출토지·원소재지	소장처	비고
금속	1	평양 평천리 금동 반가사유상	삼국 (고구려)	높이 17.5cm	전 평양 평천리 절터	개인 소장	국보 제118호
	2	김제 대목리 금동판 반가사유상	삼국 (백제)	6.4×6.4 ×0.6cm	전북 김제군 대목리 절터	국립전주박물관	
	3	대마도 정림사 금동 반가사유상	삼국 (백제)	높이 15.8cm		일본 대마도 정림사	
	4	나가노현 관송원 금동 반가사유상	삼국 (백제)	높이 30cm		일본 나가노현 관송원	
	5	금동 반가사유상	삼국 (백제)	높이 약 15cm		프랑스 파리 기메박물관	
	6	전 안동 금동 반가사유상	삼국 (신라)	높이 80cm	전 경북 안동	국립중앙박물관	국보 제78호
	7	경주 남산 금동 반가사유상	신라 7세기	높이 93.5cm	전 경주 남산 선방골 부근	국립중앙박물관	국보 제83호
	8	양산 물금 청동 반가사유상	삼국 말	높이 27.5cm	경남 양산군 물금면 어곡리	국립중앙박물관	신수품 4165
	9	금동 반가사유상	삼국 (신라)	높이 17.1cm		국립중앙박물관	M 265
	10	금동 반가사유상	삼국	높이 15.4cm		국립중앙박물관	M 335의 3
	11	방형 대좌 금동 반가사유상	삼국 (백제)	높이 28.5cm		국립중앙박물관	보물 331호
	12	금동 반가사유상	삼국 (백제)	높이 20.9cm		국립중앙박물관	덕수궁 3200
	13	금동 반가사유상	중국 육조	높이 8.9cm		국립중앙박물관	덕수궁 6491
	14	금동 반가사유상	삼국	높이 8.3cm	전 강원도 영월	국립중앙박물관	신수품 7375
	15	경주 성건동 청동 반가사유상	삼국 (신라)	높이 14.1cm	경북 경주시 성건동	국립경주박물관	本 6747

분류	명칭	연대	연대	크기	출토지·원소재지	소장처	비고
	16	금릉 개녕 금동 반가사유상	삼국 (신라)	높이 23.5cm	경북 금릉군 개녕면 양천동	국립경주박물관	本 12944
	17	금동 반가사유상	삼국 (신라)	높이 9.2cm		국립경주박물관	315
	18	금동 보살두	삼국 (신라)	머리 높이 8.2cm	경북 경주시 황룡사지	국립경주박물관	13286
	19	안동 옥동 금동 반가사유상	삼국 말	높이 15.3cm	경북 안동시 옥동	국립경주박물관	13947
	20	전 경남 밀양 금동 반가사유상	삼국 (신라)	높이 11cm	전 경남 밀양 표충사 5층석탑	호암미술관	보물 제643호
	21	경북 영주 청동 반가사유상	삼국 (신라)	높이 10.7cm	전 경북 영주	호림박물관	
	22	경북 영주 소수 서원 반가사유상	삼국 (신라)		경북 영주 소수 서원	국립중앙박물관	
	23	양산 물금 청동 반가사유상	통일 신라		전 경남 양산군 물금면 출토	개인 소장(대구)	
	24	양주 수종사 금동 반가사유상	조선조	높이 9.4cm	경기도 양주군 수종사	국립중앙박물관	
석조	25	부여 부소산 납석제 반가사유상	삼국 (백제)	높이 13.3cm	충남 부여 부소산 건물터	국립부여박물관	14788
	26	부여 석성 납석제 반가사유상	삼국 (백제)	총 높이 약 21cm	충남 부여군 석성면 현북리	국립부여박물관	부여分 1810
	27	연기 비암사 비상 반가사유상	673년	높이 41cm	충남 연기군 비암사	국립중앙박물관	보물 제368호
	28	연기 연화사 '무인'명 비상 반가사유상	통일 신라	비상 전체 52.4cm	충남 연기군 서면 월하리 연화사		보물 제649호
	29	봉화 북지리 석조 반가사유상	통일신라 7세기 말	현재 높이 150cm	경북 봉화군 북지리	경북대학교박물관	
	30	경주 금산재 석조 반가사유상	7세기 초	현재 높이 125cm	경북 경주시	국립경주박물관	

분류	명칭	연대	연대	크기	출토지·원소재지	소장처	비고
석조	31	전 청주 석조 반가사유상	삼국 말 (신라)	현재 높이 10.5cm	전 충북 청주	단국대학교박물관	
	32	문경 관음리 석조 반가사유상	통일신라 7세기 말		경북 문경군 관음리 절터(관음사지)		
	33	미륵대원 석조 반가사유상	고려		충북 중원군 미륵리		
	34	정선 가리왕산 활석 반가사유상	6세기경	높이 7cm	강원도 정선 가리왕산	개인 소장	
마애	35	서산 마애(삼존불) 반가사유상	삼국 (백제)	높이 166cm	충남 서산군 은산면 용현리		국보 제84호
	36	경주 단석산 신선사 마애 반가사유상	삼국 (신라)	높이 110cm	경북 월성군 서면 우징골		국보 제199호
	37	충주 봉황리 마애 반가사유상	삼국 6세기	높이 123cm	충북		
목조	38	경도 광륭사 목조 반가사유상	신라 (신라)	높이 123cm		일본 경도 광륭사	

* 비고란의 기재 사항은 국가지정문화재 또는 소장처의 유물 번호를 뜻 함.

참고 문헌

■ 단행본

關野貞,『朝鮮の建築と藝術』, 岩波書店, 1946

황수영,『한국불상의 연구』, 삼화출판사, 1973

진홍섭,『한국의 불상』, 일지사, 1976

문명대,『한국조각사』, 열화당, 1980

황수영·田村圓澄 공편,『半跏思惟像の研究』, 吉川弘文館, 1985

강우방,『원융과 조화』, 열화당, 1990

황수영,『한국의 불상(증보판)』, 문예출판사, 1990

■ 논문

강우방,「금동삼산관사유상 고(攷)-삼국시대 조각론의 일시도(一試圖)」,『미
　　　술 자료』22, 1978. 6

_____,「금동일월석삼산관사유상 고-동위(東魏) 양식 계열의 6세기 고구
　　　려·백제·고신라의 불 상 조각 양식과 일본 지리(止利) 양식의 신해
　　　석」1-2,「미술 자료」30~31, 1982, 6/12

_____,「백제 반가사유상의 신례(新例)」,『미술 자료』, 45, 1990. 6

_____,「전 공주 출토 금동사유상」,『고고미술』136·137, 1978. 3

강인구,「봉화 반가사유석상의 조사」,『문화재』3, 1967, 12

고유섭, 「금동미륵반가상의 고찰」, 『신흥』 4, 1931 / 『한국미술문화사논총』, 서울신문사, 1949/ 통문관, 1963

고종건·성인영, 「방사선 투과법에 의한 고미술품의 조사 - 금동 미륵보살반가상에 관하여」 1~2, 『미술 자료』 89, 1963. 12/1964. 12

곽동석, 「백제 조각의 후대 계승 - 연기(燕岐) 지방의 불비상(佛碑像)」, 『백제의 조각과 미술』, 공주대학교박물관, 1992. 12

김양선, 「평양 평천리 출토 금동 반가사유상의 조성 연대에 관하여」, 『고문화』 3, 1964. 10

김영배, 「부여 발견 반가사유석상 삼례(三例)」, 『백제문화』 3, 1969. 3

_____, 「부여 출토 반가사유석상」, 『고고미술』 9-7, 1968. 7

김원룡, 「고대 한국의 금동불」, 「한국불교의 양식 변천」, 『한국미술사연구』, 1987

김화영, 「국립중앙박물관 소장 금동 반가사유상 조성 연대에 대한 재고-족좌 연화문을 중심으 로」, 『고고미술』 136·137, 1978. 3

大西修也, 「대마(對馬)와 도래불-신발견의 백제 반가상」, 『한국문화』, 서울대학교 한국문화연 구소, 1984, 10

도유호, 「평천리 발견 고구려불에 대하여」, 『고고민속』 3, 1964. 8

문명대, 「대마도의 한국불상 연구」, 『불교미술』 8, 1985

_____, 「반가사유상의 도상(圖像) 특징과 명칭 문제」, 『가산 이지관 스님 회갑기념논총 한국 불교문화사상사』 하, 1992. 11

윤용진, 「물야 발견 반가사유상족좌」, 『고고미술』 7-3, 1966, 3